《浙江省防汛防台抗旱条例》（2021年修订）理解与适用

浙江省人民政府防汛防台抗旱指挥部办公室 编

浙江工商大学出版社
ZHEJIANG GONGSHANG UNIVERSITY PRESS
·杭州·

图书在版编目（CIP）数据

《浙江省防汛防台抗旱条例》（2021年修订）理解与适用 / 浙江省人民政府防汛防台抗旱指挥部办公室编. — 杭州：浙江工商大学出版社，2022.8
ISBN 978-7-5178-5000-7

Ⅰ.①浙… Ⅱ.①浙… Ⅲ.①防洪—条例—法律解释—浙江②台风—灾害防治—条例—法律解释—浙江③抗旱—条例—法律解释—浙江④防洪—条例—法律适用—浙江⑤台风—灾害防治—条例—法律适用—浙江⑥抗旱—条例—法律适用—浙江 Ⅳ.①D927.552.665
②D927.552.175

中国版本图书馆CIP数据核字（2022）第102231号

《浙江省防汛防台抗旱条例》（2021年修订）理解与适用
《ZHEJIANG SHENG FANGXUN FANGTAI KANGHAN TIAOLI》（2021 NIAN XIUDING）LIJIE YU SHIYONG
浙江省人民政府防汛防台抗旱指挥部办公室 编

责任编辑 沈敏丽
责任校对 何小玲
封面设计 浙信文化
责任印制 包建辉
出版发行 浙江工商大学出版社
（杭州市教工路198号 邮政编码310012）
（E-mail：zjgsupress@163.com）
（网址：http: //www.zjgsupress.com）
电话：0571-88904980，88831806（传真）
排　　版 郑清波
印　　刷 浙江全能工艺美术印刷有限公司
开　　本 880 mm × 1230 mm 1/32
印　　张 7.625
字　　数 190千
版 印 次 2022年8月第1版 2022年8月第1次印刷
书　　号 ISBN 978-7-5178-5000-7
定　　价 39.80元

编 委 会

前 言

《浙江省防汛防台抗旱条例》（以下简称“《条例》”）于2007年4月15日正式施行。《条例》总结了我省多年来的防汛防台抗旱工作经验和教训，是全国第一部集防汛、防台、抗旱于一体的具有地方特色的地方性法规，对建立健全防汛防台抗旱体制机制、保障人民生命财产安全发挥了重要作用。党的十八大以来，习近平总书记对防汛防台抗旱工作作了多次重要指示批示，省委、省政府对构建“大应急”“大减灾”体系作了部署和要求。我省防汛防台抗旱工作面临新的挑战和机遇：一方面，社会公众对政府应对水旱灾害突发事件、保障安全的关注度和期望值更高；另一方面，防汛防台抗旱工作治理体系和治理能力现代化的任务艰巨。尤其是2018年机构改革以来，《条例》的部分条款已不适应防汛防台抗旱工作的新需要和我省推动高质量发展建设共同富裕示范区面临的新形势，亟须修改完善。

2020年3月，《条例》修改列入省人大常委会立法计划，省应急管理厅组建工作专班并邀请专家学者参与，起草《条例（修订草案送审稿）》。经立法工作“双组长”会议审阅，并经省政府常务会议审议通过，提请省人大常委会审议。2021年5月28日，省人大常委会审议通过了修订后的《浙江省防汛防台抗旱条例》（以下简称“新《条例》”），自2021年7月1日起施行。

新《条例》坚持“人民至上、生命至上”理念，始终把人民生命财产安全放在第一位，践行“一个目标、三个不怕、四个宁可”，既通过强有力的规定明确和落实政府和部门、基层基础建设法定责任，又总结提炼创新经验做法，使之上升为法定举措，坚决守护人民生命财产安全。为适应新时代防汛防台抗旱工作需要，新《条例》在强化政府领导责任、明确管理体制和工作职责、加强防汛防台抗旱领域数字化建设、加强灾害预防和应急准备、完善应急处置和抢险救援机制等方面提出了新的要求。新《条例》明确规定县级以上人民政府防汛防台抗旱指挥部（以下简称“防指”）指挥长由各级政府主要负责人担任，并规定将防汛防台抗旱工作纳入政府绩效考核评价体系，开创了全国先例。同时，新《条例》更加突出基层基础，补充完善了原《条例》有关乡镇、村级组织防汛防台抗旱职责，进一步细化完善了人员转移、海上渔船回港避风的规定，强化了灾后恢复要求。新《条例》覆盖全省域、多灾种、全链条、全过程，突出我省数字化改革，要求建立健全全省统一数字化平台，推动自然灾害风险防控体系和能力的智能化、现代化。新《条例》聚焦保障人的安全，进一步细化了受洪涝、台风等自然灾害严重威胁的人员和海上渔船的转移职责分工、预报预警、防控措施、避灾安置场所建设等内容，进一步规范了防汛防台抗旱监测预报预警和灾情、险情等信息的报送及统一发布。为评估防汛防台风险防控能力，新《条例》规定省防指可以根据需要建立防汛防台抗旱风险管控力评价机制，发布有关风险管控力指数，为促进各项措施的落实，提升台风洪涝灾害的科学防控能力提供了指引。

此外，新《条例》对建立健全多部门协调、跨区域联动的应急救援机制，建立与长三角地区和其他周边省份的应急救援协同体系和突发险情应急处置联动机制，建立健全洪涝、台风、干旱等自然灾害损失补偿机制等都作了规定，且对参与抢险救援的人员提供人身意外伤害保障。

新《条例》将我省防汛防台抗旱实践中形成的行之有效的好经验、好做法从行政措施上升为法律规则，为防汛防台抗旱工作提供了有力的法制保障。为配合新《条例》的宣贯，帮助政府机关、社会各界全面、准确地理解新《条例》的立法精神和立法目的，熟悉和掌握新《条例》的具体条款，成立新《条例》理解与适用编委会，开展新《条例》理解与适用的编写工作。

新《条例》理解与适用的编写，得到了省人大社会建设委员会、省人大常委会法制工作委员会的大力支持与指导，以及省水利厅、省气象局等省防指成员单位和温州市、嘉兴市、绍兴市、台州市、杭州市富阳区、海盐县、德清县应急管理局等有关地区和部门的参与及帮助，它们为新《条例》理解与适用的编写提供了宝贵的经验和建议。

由于编写人员水平有限，本书难免有疏漏和不妥之处，敬请广大读者批评指正。

本书编写委员会

2022 年 4 月

目 录

第一部分

理解与适用

第一章 总 则

第一条 为了防御和减轻洪涝、台风、干旱等自然灾害，保障人民生命财产安全，根据《中华人民共和国防洪法》《中华人民共和国突发事件应对法》《中华人民共和国防汛条例》《中华人民共和国抗旱条例》《自然灾害救助条例》等有关法律、行政法规，结合本省实际，制定本条例。

【条文主旨】

本条对本条例的立法目的和立法依据作出规定。

【条文理解】

一、立法目的

立法目的，又称立法宗旨，是指制定一部法律所要达到的任务目标。立法目的决定着一部法律的具体内容，统领着一部法律的价值取向。

本条将本条例的立法目的确定为两个方面：一是防御和减轻洪涝、台风、干旱等自然灾害；二是保障人民生命财产安全。

所谓自然灾害，是指给人类生存带来危害或损害人类生活环境的自然现象。自然灾害的发生时间、地点和规模等虽然具有不确定性，但是随着科技的发展，自然灾害是能够预防和抵御的，其造成的危害也是可以减轻的。本省正在高质量地发展建设共同富裕示范区，这对保障人民的生命财产安全提出更高要求。本条例旨在通过“防御和减轻洪涝、台风、干旱等自然灾害”来实现“保障人民生命财产安全”的终极目的。

二、立法依据

立法依据，指立法的法律依据和事实依据。

《中华人民共和国防洪法》《中华人民共和国突发事件应对法》《中华人民共和国防汛条例》《中华人民共和国抗旱条例》《自然灾害救助条例》以及其他有关防汛防台抗旱工作的法律、行政法规是制定本条例的法律依据。

同时，由于特殊的地理位置和气候条件，本省自然灾害具有以下特点：（1）洪涝台灾害是本省主要的自然灾害且发生频繁。据统计，1949年至2020年，影响本省的台风有263个，平均每年3.6个，其中在本省登陆的有47个。（2）台风和梅雨是造成洪涝灾害的主要因素。本省洪涝台灾害损失35%由梅雨引起，60%由台风造成。（3）流域性洪水影响大、灾害重。本省水系发达，自北向南有苕溪、京杭大运河（浙江段）、钱塘江、甬江、椒江、瓯江、飞云江和鳌江等8条主要河流；河流源短流急，遇梅雨、台风强降雨时极易引发流域性洪水，涉及面广，影响范围大，造成的灾害损失严重。2020年梅雨期间，新安江水库创历史最高水位，建库以来第一次9孔泄洪闸全开泄洪。（4）洪涝与干旱并存。本省降水时空分布极不均匀，丰枯差别很大，加上伏季高温时间长，先涝后旱和旱涝急转现象时有发生。（5）小流域山洪与地质灾害多发。本省山区面积大，中小河流众多，坡陡流急，暴雨强度大，极易引发小流域山洪与地质灾害，造成人员伤亡。（6）城市内涝问题仍较突出。受城市化进程的推进、地面硬化和城市防洪排涝格局改变等影响，城市内涝频繁出现。

2007 年制定的《浙江省防汛防台抗旱条例》是全国第一部包含防汛、防台、抗旱三方面工作的具有地方特色的地方性法规，弥补了国家层面缺乏针对台风专门立法的问题。该地方性法规出台以来，本省在防汛防台实践中创新和积累了一些成功经验，形成许多机制性创新成果，多次受到国家防汛抗旱总指挥部和省委、省政府的肯定。如 2019 年防御超强台风“利奇马”后，开展了台风洪涝灾害科学防控能力提升专题调研，全面推进并形成“六个一”工作体系，完善优化防汛防台抗旱工作机制，建设和运用自然灾害防治数字化平台赋能防汛防台抗旱，取得了一系列新的成果。对这些可复制、可推广的经验，需要及时总结提炼，转化为法律条文，全面推动本省防汛防台抗旱工作再上新台阶。另一方面，防汛防台抗旱工作面临新的挑战和机遇，社会公众对政府应对水旱灾害突发事件、保障安全的关注度和期望值更高，国家治理体系和治理能力现代化对防汛防台抗旱工作提出更高要求。随着机构改革职能调整，2007 年制定的《浙江省防汛防台抗旱条例》已逐渐不适应发展变化的要求，亟须修改完善。同时，本省立法先行先试，为国家层面相关立法提供地方立法经验，体现浙江元素和创新特色。

第二条　本省行政区域内防汛防台抗旱活动，适用本条例。

【条文主旨】

本条对本条例的适用范围作出规定。

【条文理解】

本条规定了本条例的对象效力和空间效力，具体如下：

对象效力方面，凡是从事防汛防台抗旱活动的，均适用本条例。所谓防汛防台抗旱活动，是指为了防御和减轻洪涝、台风、干旱等自然灾害给经济社会带来的不利影响而采取的一切措施的总和。它既包括政府及其有关部门在防汛防台抗旱中作出的行政行为和提供社会公共服务的行为，也包括公民、法人和其他组织在防汛防台抗旱中的行为。

空间效力方面，只有发生在本省行政区域内的防汛防台抗旱活动，才适用本条例。

第三条　防汛防台抗旱工作坚持生命至上、安全第一，预防为主、防抗救相结合，确保重点、统筹兼顾。

【条文主旨】

本条对防汛防台抗旱工作的原则作出规定。

【条文理解】

法的构成要素包括法律概念、法律规则和法律原则。其中，法律原则是集中反映法的基本性质、内容和价值取向的指导原理和准则，构成了整个法律制度的理论基础。从法律实施角度看，法律原则具有以下作用：一是指导法律解释和法律推理；二是弥补法律漏洞，强化法律的调控能力；三是可以作为确定行使自由裁量权合理范围的依据，防止由于适用不合理的法律规则而带来不良后果。

防汛防台抗旱工作千头万绪，经常面临新问题、新挑战。因此，本条例在规定防汛防台抗旱工作应当遵循的法律规则的同时，还规定了防汛防台抗旱工作应当遵循的法律原则。

从贯彻落实习近平总书记“一个目标、三个不怕、四个宁可”“两个坚持、三个转变”“人民至上、生命至上”等防灾减灾理念出发，在总结本省多年以来防御洪涝、台风、干旱等自然灾害经验的基础上，本条例将防汛防台抗旱工作的基本原则确立为“生命至上、安全第一，预防为主、防抗救相结合，确保重点、统筹兼顾”。具体说明如下：

一、生命至上、安全第一

生命至上，集中体现了中国人民深厚的仁爱传统和中国共产党人以人民为中心的价值追求。习近平总书记强调：“为了保护人民生命安全，我们什么都可以豁得出来！”“生命至上、安全第一”是对防汛防台抗旱工作的价值目标的明确，是在防汛防台抗旱工作中，中国共产党执政为民理念的最好诠释。

习近平总书记在浙江工作期间提出，防台抗台所有工作都必须围绕“不死人、少伤人”这个目标来进行。在这个问题上，不要怕兴师动众，不要怕“劳民伤财”，不要怕十防九空，宁可十防九空，也不可万一失防；宁可事前听骂声，不可事后听哭声；宁可信其有，不可信其无；宁可信其重，不可信其轻。针对2020年6月以来全国多地发生洪涝地质灾害，习近平总书记对防汛救灾工作作出重要指示，要求全力做好洪涝地质灾害防御和应急抢险救援，坚持人民至上、生命至上，切实把确保人民生命安全放在第一位落到实处。因此，防汛防台抗旱工作要始终把人民的生命安全放在第一位，科学防汛防台，尊重客观规律，在确保人员安全的前提下，尽量减少灾害损失。

二、预防为主、防抗救相结合

防汛防台抗旱工作是一项系统工程，宏观上由预防、抗击与救援等 3 个环节构成。“预防为主、防抗救相结合”是对防汛防台抗旱工作中如何处理预防、抗击与救援三者关系的明确，即在洪涝、台风、干旱等自然灾害面前，要更多地强调事先采取工程和非工程措施，尽早做好防范工作。只有防患于未然，避开灾害锋芒，才能更好地保护人民生命财产安全。在强调预防的同时，也要做好抗灾抢险救援准备，运用各种措施减少灾害损失。

2016 年 7 月 28 日，习近平总书记在唐山抗震救灾和新唐山建设 40 年之际到河北唐山市考察后提出了“两个坚持、三个转变”防灾减灾救灾新理念，即“坚持以防为主、防抗救相结合的方针，坚持常态减灾与非常态救灾相统一，努力实现从注重灾后救助向注重灾前预防转变，从减少灾害损失向减轻灾害风险转变，从应对单一灾种向综合减灾转变”。2017 年 1 月，《中共中央国务院关于推进防灾减灾救灾体制机制改革的意见》发布，明确提出要坚持以防为主、防抗救相结合，从应对单一灾种向综合减灾转变，全面提升全社会抵御自然灾害的综合防范能力。

三、确保重点、统筹兼顾

“确保重点、统筹兼顾”，即在防御洪涝、台风、干旱等自然灾害时，要从全局利益出发，事先确立好保护的重点，当灾害发生时，优先予以保护，将灾害损失降到最少。如防汛防台期间，要优先保护铁路、骨干公路、地铁、通信等重要基础设施，供水、供电、供气、供油等民生工程及重要城市（城镇）；

抗旱期间，要加强水资源的优化调度，按照“先生活后生产”的原则，优先保障城乡居民生活用水。同时，防汛防台抗旱工作也要重视统筹，兼顾上下游、左右岸、干支流的关系，局部利益和整体利益的关系，重点防护对象和一般防护对象的关系。

第四条 县级以上人民政府应当加强对本地区防汛防台抗旱工作的领导，将防汛防台抗旱工作纳入国民经济和社会发展规划，将防汛防台抗旱工作所需经费纳入财政预算，建立健全防汛防台抗旱指挥协调机制和基层防汛防台抗旱体系。

防汛防台抗旱工作纳入政府绩效考核评价体系。

【条文主旨】

本条对县级以上人民政府的防汛防台抗旱职责及敦促政府履行职责的方式作出规定。

【条文理解】

一、县级以上人民政府的防汛防台抗旱职责

根据本条规定，县级以上人民政府在防汛防台抗旱中承担以下职责：

（一）加强对本地区防汛防台抗旱工作的领导

本省洪涝、台风、干旱灾害频繁，每年都会造成不同程度的灾害损失，防灾减灾任务繁重。要做好防御工作，必须强化政府的领导和主体作用，发挥政府在组织领导、统筹协调、组织保障等方面的重要作用，组织动员全社会各部门、各单位、部队和广大人民群众共同参与，集中调配物资和设备，统一实施抢险救灾工作。同时,《中华人民共和国防洪法》第八条要求各级人民政府领导本地区的防洪工作。为此，本条与《中华人民共和国防洪法》相衔接，进一步强化了县级以上人民政府的领导责任。

（二）将防汛防台抗旱工作纳入国民经济和社会发展规划

国民经济和社会发展规划，是国家对一定时期内国民经济的主要活动、科学技术、教育事业和社会发展所做的规划和安排，是指导经济和社会发展的纲领性文件。

随着经济社会的发展，大众对防汛防台抗旱的要求也进一步提高。只有将防汛防台抗旱工作纳入国民经济和社会发展规划，才能从顶层设计上减少洪涝、台风、干旱等自然灾害带来的影响。

2021 年 1 月 30 日，浙江省第十三届人民代表大会第五次会议通过的《浙江省国民经济和社会发展第十四个五年规划和二〇三五年远景目标纲要》，在“保障人民群众生命安全”部分对提升自然灾害特别是台风洪涝灾害的科学防控能力、推进应急管理体系和能力现代化提出了具体要求。各地在制定国民经济和社会发展规划时，要组织实施，予以落实。

（三）将防汛防台抗旱工作所需经费纳入财政预算

防汛防台抗旱工作是关乎民生的公共事务，其工作内容包括基层防汛防台体系建设与长效管理、预案修编演练、宣传培训、物资装备储备管理、应急力量建设与训练、人员转移和安置、避灾场所建设与管理、应急指挥与抢险救援、隐患排查整改和水毁工程修复等，所需经费需要纳入财政预算，以确保各项工作顺利进行。

（四）建立健全防汛防台抗旱指挥协调机制和基层防汛防台抗旱体系

防汛防台抗旱指挥协调机制和基层防汛防台抗旱体系是做好防汛防台工作的基础和保障。

一方面，根据国务院办公厅关于健全防汛抗旱体制机制的有关意见和国家防汛抗旱总指挥部《关于健全地方防汛抗旱工作机制的指导意见》，健全防汛抗旱指挥协调机制，全面形成上下纵向贯通、部门横向联动的防汛抗旱新体制，着力发挥防汛抗旱指挥部牵头抓总作用，加强全覆盖、全链条、全过程、全环节的防汛抗旱指导监督，细化落实防汛抗旱指挥部各成员单位工作职责，加强职能衔接和工作协调配合；全面发挥应急管理部门的综合优势和各相关部门的专业优势，按照职责分工承担各自责任，无缝衔接好“防”和“救”的责任链条，建立与驻地部队、武警部队等的联络机制，分级组织开展防汛抗旱演练，统筹调配防汛应急抢险力量，增强防汛抗洪抢险突击能力。

另一方面，2009 年，省委办公厅、省政府办公厅出台有关加强基层防汛防台体系建设的文件，全面开展基层防汛防台体系建设。此后，基层防汛防台体系成为本省防汛防台工作的关键一招，发挥了显著作用。2021 年，为全面落实《浙江省人民政府关于进一步加强防汛防台工作的若干意见》（浙政发〔2020〕9 号）和省委办公厅、省政府办公厅有关加强基层应急管理体系和能力建设的指导文件，省防指组织开展基层防汛防台体系标准化建设工作。健全基层防汛防台抗旱体系，就是以完善落实防汛防台抗旱工作责任制为核心，以风险精密智控和闭环管控为重点，以数字赋能基层防汛能力提升为手段，不断推进基层防汛防台抗旱体系组织责任、风险防控、抢险救援、灾后恢复、运行保障和数字化平台建设，实现组织健全完善、责任全面落实、风险精密智控、救援高效有序、灾后恢复迅速、运行保障有力的基层防汛应急体系，不断提升极端情况下“乡自为战、村自为战”的能力，更高水平地保障人民生命财产安全。

二、将防汛防台抗旱工作纳入政府绩效考核体系

政府绩效，是指政府在社会经济管理活动中的结果、效益及其管理工作效率、效能等。政府绩效考核评价是政府绩效管理的重要环节，是促使政府努力提高政府绩效的重要措施。

本条要求将防汛防台抗旱工作纳入政府绩效考核评价体系，旨在促进各地有关部门高度重视防汛防台抗旱工作，持续改进防汛防台抗旱工作，提高政府工作水平。

为深入贯彻党的十九大精神，全面落实省第十四次党代会及省委十四届历次全会决策部署，建设人民满意的服务型政府，全面提升行政绩效，提高政府治理体系和治理能力现代化水平，省政府办公厅印发了相关文件，明确了省政府绩效考核评价指标体系。各设区的市、县（市、区）人民政府也应当建立健全政府绩效考核评价指标体系，并根据本条要求，将防汛防台抗旱工作纳入其中。

第五条 防汛防台抗旱工作实行各级人民政府行政首长负责制，统一指挥，分级分部门负责，属地管理为主。

【条文主旨】

本条对防汛防台抗旱工作的责任制和管理体系作出规定。

【条文理解】

一、防汛防台抗旱工作的责任制

行政首长负责制，是指行政机关的首长在其所属行政机关中处于核心地位，在本机关行使行政职权时享有最高决定权，并对该职权行使后果向代表机关负个人责任的行政领导制度。行政首长负责制既是一种领导体制，也是一种行政责任制，体现了集体领导和个人负责制的有机结合。

防汛防台抗旱工作是一项社会性、综合性、时效性很强的工作，需要上下游、干支流、多地区统筹考虑，不同部门、不同行业协同配合，各种措施综合运用，才能把灾害损失降到最低限度。为此，各级人民政府在领导防汛防台抗旱工作中，必须实行行政首长负责制，即由省长、市长、县长、乡（镇）长担任各级防汛防台抗旱的指挥长。行政首长担任防汛防台抗旱指挥长既是法定职责，又体现了政府主要责任人的政治担当。落实以行政首长负责制为核心的防汛防台抗旱工作责任制，建立高效统一的组织指挥体系，是做好防汛防台抗旱工作的重要基础。

二、防汛防台抗旱工作的管理体系

防汛防台抗旱工作涉及内容多，专业性强，参与的部门与单位多，为了真正把工作落到实处，就需要建立科学的防汛防台抗旱工作管理体系，妥善处理参与防汛防台抗旱工作的不同层级、不同地区、不同部门之间的关系。

按照构建“统筹高效、指挥顺畅、联动响应、协同发力”

的防汛防台抗旱工作格局要求，本条要求建立“统一指挥，分级分部门负责，属地管理为主”的管理体系。该管理体系的具体要求是：防汛防台抗旱工作既要实行统一指挥，也要明确政府及各相关部门的责任，即各地区要在上级防指的领导和本级防指的统一指挥下，负责本地区防汛防台抗旱工作；各部门根据“三定”职能划分，在本级防指的统一指挥和上级行业主管部门的指导下，负责落实本系统、本行业的防汛防台抗旱工作。

第六条 县级以上人民政府应当设立由主要负责人担任指挥长的防汛防台抗旱指挥机构，其办事机构设在同级应急管理部门。

县级以上人民政府防汛防台抗旱指挥机构应当在上级人民政府防汛防台抗旱指挥机构和本级人民政府的领导下，统一指挥、协调和指导本地区的防汛防台抗旱工作，依法履行下列职责：

（一）拟定办事机构职责和成员单位职责分工，报本级人民政府批准后执行；

（二）组织编制防汛防台抗旱应急预案和开展应急演练，做好应急准备以及应急救援力量、装备和物资等应急资源调度；

（三）组织开展防汛防台抗旱风险隐患排查，督促和指导有关部门、单位及时处理防汛防台抗旱有关安全问题；

（四）组织会商本地区的雨情、水情、汛情、风情、旱情；

（五）组织、监督和指导防汛防台抗旱应急物资的储备、管理等工作；

（六）按照防汛防台抗旱应急预案启动、调整和结束应急响应；

（七）监督和指导灾后恢复与重建工作；

（八）法律、法规和规章规定的其他职责。

【条文主旨】

本条对县级以上人民政府防指的设立及其工作职责作出规定。

【条文理解】

为了贯彻落实防汛防台抗旱工作实行各级行政首长负责制，本条规定了县级以上人民政府防指的设立及其职责。

一、县级以上人民政府防指的设立

县级以上人民政府，包括县（市、区）人民政府、设区市人民政府、省人民政府，都应当设立防指。本省各地防汛防台抗旱形势的严峻程度虽然不同，但考虑到洪水、台风、干旱等自然灾害对人民生命财产安全的危害，本条要求县级以上人民政府都必须设立防指。同时，防指由指挥长、副指挥长及各成员单位主要负责人组成。

县级以上人民政府防指的指挥长由本级人民政府的主要负责人担任。一方面，这是对本条例第五条规定的“防汛防台抗旱工作实行各级人民政府行政首长负责制”的具体落实；另一方面，自2020年开始，本省县级以上人民政府防指指挥长已全部调整为由政府主要负责人担任，这有利于提高防指的权威性，从而确保防汛防台抗旱各项指令的严格执行。

根据“三定”规定，县级以上人民政府防指的办事机构设在同级应急管理部门。防指在性质上属于组织指挥机构，相关工作需要依托有关部门具体落实。2018年以来，根据政府机构改革部门职能调整，防指的办事机构由设在水行政主管部门调整为设在同级应急管理部门。

二、县级以上人民政府防指的职责

本条从宏观和微观两个方面规定了县级以上人民政府防指的职责。

宏观方面，县级以上人民政府防指应当在上级人民政府防指和本级党委、人民政府的领导下，统一指挥、协调和指导本地区的防汛防台抗旱工作。这不仅明确了县级以上人民政府防指与上级防指和本级人民政府之间的关系，也明确了防指的工作性质。“领导”，强调防指在防汛防台抗旱工作中不能单从地方局部利益出发，而是必须服从上级防指和本级人民政府的命令和指挥。“统一指挥、协调和指导”，强调防指针对不同事项，拥有不同权限，关键在统一指挥。

微观方面，县级以上人民政府防指依法履行下列职责：

1. 拟定办事机构职责和成员单位职责分工，报本级人民政府批准后执行。根据本条例规定，县级以上人民政府防指办事机构设在同级应急管理部门，其职责和其他成员单位职责分工均由指挥机构拟定，报本级人民政府批准后执行，确保其稳定性、权威性。如，由省防指拟定，经省政府同意，并由省政府办公厅发布的《浙江省防汛防台抗旱应急预案》（浙政办发〔2020〕29号），对省防指成员单位的职责作了明确规定。

2. 组织编制防汛防台抗旱应急预案和开展应急演练，做好应急准备以及应急救援力量、装备和物资等应急资源调度。该规定是对本条例第十五条、第十七条和第三十九条至第四十一条的概括。

3.组织开展防汛防台抗旱风险隐患排查，督促和指导有关部门、单位及时处理防汛防台抗旱有关安全问题。该规定是对本条例第二十四条的概括。

4.组织会商本地区的雨情、水情、汛情、风情、旱情。会商工作主要包括以下内容：①灾害来临前，县级以上人民政府防指以及应急管理、水行政、自然资源、建设、农业农村、气象等主管部门应当加强洪涝、台风、干旱等自然灾害风险形势分析，建立健全自然灾害风险会商研判和提示机制，具体见本条例第二十七条。②在应急响应期间，县级以上人民政府防指视情况加密会商，及时研判雨情、水情、汛情、风情、旱情等灾害风险，实时做好抢险救灾工作。

5.组织、监督和指导防汛防台抗旱应急物资的储备、管理等工作。根据本条例第十九条规定，县级以上人民政府应当加强防汛防台抗旱应急物资储备体系规划和建设，建立健全统一高效的应急物资储备、调用、共用共享等保障机制。在这一过程中，县级以上人民政府防指应当做好组织、监督和指导工作。

6.按照防汛防台抗旱应急预案启动、调整和结束应急响应。该规定是对本条例第三十二条的概括。

7.监督和指导灾后恢复与重建工作。本条例第四十五条至第四十八条规定了灾后恢复与重建工作的具体内容，包括灾害损失统计、灾民安置、灾后救助、卫生防疫、环境清理、工程修复、灾害补偿等工作。在灾后恢复与重建过程中，县级以上人民政府防指应当做好监督和指导工作。

8.法律、法规和规章规定的其他职责。一方面，已有法律、法规和规章规定的县级以上人民政府防指的其他职责，本条不再重复规定。另一方面，在本条例实施之后，新制定的法律、法规和规章，也可以根据需要，对县级以上人民政府防指的职责作出规定。

第七条 县级以上人民政府应急管理部门承担防汛防台抗旱指挥机构日常事务，负责指导洪涝、台风、干旱等自然灾害防灾减灾救灾工作，具体组织编制防汛防台抗旱应急预案，组织指导和协调防汛防台抗旱应急救援，统筹推进应急救援力量建设等工作。

水行政、自然资源、住房城乡建设、农业农村和气象等其他负有防汛防台抗旱职责的部门和单位，应当按照各自职责和防汛防台抗旱应急预案要求，做好相关防汛防台抗旱工作。

防汛防台抗旱工作未纳入属地管理的各类开发区（园区）的管理机构，应当明确承担防汛防台抗旱职责的具体工作机构。

【条文主旨】

本条对县级以上负有防汛防台抗旱职责的主要部门和单位以及开发区（园区）的防汛防台抗旱职责作出规定。

【条文理解】

一、县级以上人民政府应急管理部门的职责

本条第一款规定了县级以上人民政府应急管理部门的职责。按照机构改革后的“三定”方案，防指的办事机构设在应急管理部门，作为同级防指的具体执行机构，承担着防汛防台抗旱的日常事务和工作。应急管理部门具体负责指导洪涝、台风、干旱等自然灾害防灾减灾救灾工作，组织编制防汛防台抗旱总体应急预案，组织指导和协调防汛防台抗旱应急救援，统筹推进应急救援力量建设，等等。

二、县级以上人民政府防指成员单位的职责

本条第二款对县级以上人民政府防指成员单位的职责作了原则性规定，即按照各自职责和防汛防台抗旱应急预案的要求，做好相关工作。

三、未纳入属地管理的各类开发区（园区）的管理机构的防汛防台抗旱职责

本条第三款规定了未纳入属地管理的各类开发区（园区）的管理机构的防汛防台抗旱职责。防汛防台抗旱工作责任和措施落实要求“横向到边、纵向到底”，但在防汛防台抗旱工作实践中，部分经济开发区、工业园区等因管辖范围与地理行政区域有重叠，导致管理职能交叉，甚至缺失、缺位。法规的明确规定，有利于防汛防台抗旱工作的全面落实，做到“全覆盖、无死角”。

第八条 乡镇人民政府、街道办事处应当在上级人民政府防汛防台抗旱指挥机构领导下，负责本辖区防汛防台抗旱工作，履行下列职责：

（一）明确防汛防台网格责任区和责任人；

（二）按照管理权限组织开展小型水库、山塘、堤防、水闸、泵站、堰坝和抗旱供水设施等工程设施的检查，落实安全措施；

（三）组织编制本辖区防汛防台抗旱应急预案和开展应急演练；

（四）配合开展农村住房防灾能力调查；

（五）按照规定储备防汛防台抗旱应急物资；

（六）组织落实群众转移和安置；

（七）统计灾情；

（八）法律、法规和规章规定的其他职责。

乡镇人民政府、街道办事处应当明确由主要负责人担任指挥长的防汛防台抗旱指挥机构，承担日常事务的具体工作机构由乡镇人民政府、街道办事处确定。

【条文主旨】

本条对乡镇人民政府、街道办事处的防汛防台抗旱职责及其指挥机构和日常办事机构作出规定。

【条文理解】

一、乡镇人民政府、街道办事处的防汛防台抗旱职责

乡镇人民政府、街道办事处是最基层的政府组织（派出机关），处于防汛防台抗旱的第一线，责任重大。本条立足于防汛防台抗旱工作“属地为主”原则，明确了乡镇人民政府、街道办事处的主要职责。

1.明确防汛防台抗旱网格责任区和责任人。建立“横向到边、纵向到底”的网格责任区是防汛防台抗旱的关键环节，而落实责任人又是关键要素。乡镇人民政府、街道办事处应当按照“属地为主”原则，明确防汛防台抗旱的网格责任区和责任人。乡镇、街道应当划定自然村、居民区、企事业单位、危旧房、低洼地、山洪灾害危险区、地质灾害隐患点及风险防范区、水库、山塘、堤防、海塘、水闸、泵站、堰坝、渔港、避风锚地、避灾安置场所等防汛防台责任区网格，明确网格责任人；在上述网格划分的基础上，各地可结合实际情况，对接党建和综治网格，确保防汛防台抗旱网格无死角。具体的网格划分办法，可以根据当地实际，参照《浙江省基层防汛防台体系建设与管理标准》。

2.按照管理权限组织开展小型水库、山塘、堤防、水闸、泵站、堰坝和抗旱供水设施等工程设施的检查，落实安全措施。在防汛防台抗旱工作中，保障水利工程安全运行是防汛工作的重中之重。乡镇人民政府、街道办事处应当按照管理权限和相关规定要求，组织开展小型水库、山塘、堤防（海塘）、水闸、泵站、堰坝和抗旱供水设施等工程检查。对检查发现的防汛隐患，应当及时告知责任单位，督促落实相关安全管控措施，及时消除隐患。同时，落实管理人员，建立完善水利工程设施的运行管理、维修、养护等相关制度，切实保障水利工程安全运行。

3.组织编制本辖区防汛防台抗旱应急预案和开展应急演练。乡镇人民政府、街道办事处应当根据本地区的水文、气象、地理等自然条件，以及有关法律法规，结合历史洪涝、台风、干旱自然灾害情况及防洪工程的实际防御能力，编制本地区的防汛防台抗旱应急预案。同时，定期开展防汛应急演练，通过演练，锻炼队伍，发现问题，完善预案。

4.配合开展农村住房防灾能力调查。农村危旧房具有形成时间长、群体数量多、分布范围广、排查鉴定比例低等特点，存在住房倒塌伤人、高空坠物、电力线路老化失火等风险。乡镇人民政府和街道办事处应当配合建设等部门，开展农村住房防灾能力调查，并将调查结果和相关预防措施告知住户。

5. 按照规定储备防汛防台抗旱应急物资。乡镇人民政府和街道办事处应当按照防汛防台抗旱物资储备标准要求，做好乡镇（街道）防汛抢险和救灾物资储备，规范应急物资的日常管理，物资和装备类别、数量、保管地址、保管人和联系电话要登记在册，并及时更新补充。

6. 组织落实群众转移和安置。组织落实危险区群众转移，是减少人员伤亡的根本途径。乡镇人民政府和街道办事处应当根据上级人民政府的命令或者防汛防台抗旱应急预案的要求，及时将灾害预警信息传递到村、到户、到人，组织落实群众转移，并做好相关安置工作。

7. 统计灾情。洪涝、台风、干旱等灾害发生后，乡镇人民政府和街道办事处应当按照国家和省有关规定，按时按实统计受灾情况并报送县级以上人民政府防指办，为灾后救助和恢复生产提供决策依据。

8. 法律、法规和规章规定的其他职责。防汛防台抗旱工作需要乡镇人民政府和街道办事处承担的职责还有很多，如恢复生产、重建家园等。法律、法规和规章规定的乡镇人民政府和街道办事处的其他防汛防台抗旱职责，本条例不再重复规定。

二、乡镇人民政府、街道办事处防汛防台抗旱的指挥机构和日常办事机构

乡镇人民政府、街道办事处作为基层一级人民政府或者相当于一级人民政府的派出机关，承担着繁重的防汛防台抗旱任务：在非汛期，要做好防汛防台抗旱应急预案的编制修订、汛前检查、灾后总结评估、资料汇总归档等工作；在汛期，要做好应急处置、灾情统计上报等工作。如果没有一个强有力的指挥机构来统一指挥协调，落实专人负责，是难以完成以上任务的。因此，本条规定，乡镇人民政府、街道办事处应当设立由主要负责人担任指挥长的防指。同时，乡镇人民政府、街道办事处应当根据本地实际确定具体工作机构。具体来说，乡镇已建立应急管理站的，由应急管理站统筹防汛防台抗旱工作；尚未建立应急管理站的，具体承担防汛防台抗旱日常事务的工作机构由乡镇（街道）根据实际需要确定。

第九条　村（居）民委员会协助当地人民政府做好下列防汛防台抗旱工作：

（一）开展防汛防台抗旱知识宣传和应急演练；

（二）传达预报、预警、转移、避灾等信息；

（三）按照规定储备防汛防台抗旱应急物资；

（四）组织群众自救互救；

（五）协助统计灾情、发放救灾物资；

（六）法律、法规和规章规定的其他职责。

【条文主旨】

本条对村（居）民委员会的防汛防台抗旱职责作出规定。

【条文理解】

村（居）民委员会是村（居）民实行自我管理、自我教育、自我服务的基层群众性自治组织。它们在防汛防台抗旱工作中直接面对灾情，发挥着基层战斗堡垒作用，其工作落实情况直接关系防汛防台抗旱工作的成效，是基层防汛防台抗旱的“最后一公里”。本条规定了村（居）民委员会的六项主要职责：

1. 开展防汛防台抗旱知识宣传和应急演练。村（居）民委员会应当运用微信、电子屏、宣传栏和广播等形式，开展防汛防台抗旱知识宣传，普及洪涝、台风、干旱防御知识和相关法律法规，提升群众自防自救和互救技能。同时，定期开展有针对性的防汛防台应急演练。

2. 传达预报、预警、转移、避灾等信息。村（居）民委员会应当及时准确地传达预报、预警、转移、避灾信息，做到上情下达，并且不漏一户一人。

3. 按照规定储备防汛防台抗旱应急物资。村（居）民委员会应当按照防汛防台抗旱物资储备标准要求，做好防汛抢险和救灾物资储备工作，规范应急物资日常管理，物资和装备类别、数量、保管地址、保管人和联系电话要登记在册，并及时更新补充。

4. 组织群众自救互救。洪涝、台风、干旱等自然灾害发生后，受灾害影响的村（居）民委员会要及时组织和发动群众在确保自身安全的前提下，先行开展应急抢险救援和生产生活自救，尽快恢复正常的生产和生活。

5. 协助统计灾情，发放救灾物资。村（居）民委员会应当明确落实灾害信息员，按照有关规定和要求，协助政府做好灾情统计工作和灾后救灾物资的发放工作。

6. 法律、法规和规章规定的其他职责。在防汛防台抗旱工作中，村（居）民委员会要承担的职责还有很多，如建立与辖区上级部门管辖的水利工程以及企事业单位的防汛联络等。法律、法规和规章规定的村（居）民委员会的其他防汛防台抗旱职责，本条例不再重复规定。

第十条 公民、法人和其他组织应当依法履行防汛防台抗旱义务，保护防汛防台抗旱工程设施，积极参与防汛防台抗旱工作，执行防汛防台抗旱决定和命令，并享有法律法规规定的权利。

机关、团体、企业事业单位应当采取多种形式开展防汛防台抗旱安全知识教育，适时开展应急演练，提高科学防灾避险和自救互救能力。

【条文主旨】

本条对公民、法人和其他组织在防汛防台抗旱工作中的义务和权利作出规定。

【条文理解】

本条由两款构成：第一款规定了公民、法人和其他组织在防汛防台抗旱工作中的普遍性义务和权利，第二款规定了机关、团体、企业事业单位在防汛防台抗旱工作中的特殊性义务。第二款与第一款之间是递进关系，即在防汛防台抗旱工作中，机关、团体、企业事业单位除了应当依法履行第一款规定的义务和享有第一款规定的权利外，还应当履行第二款规定的义务。

一、普遍性义务和权利

普遍性义务和权利，是指任何公民、法人和其他组织在防汛防台抗旱工作中的义务和权利。

普遍性义务，主要包括如下内容：

1.保护防汛防台抗旱工程设施。防汛防台抗旱工程设施是防御和减轻洪涝台灾害的基础设施，包括水库、海塘、堤防、水闸、泵站、避风港、避灾场所、抗旱供水设施，以及气象、水文、海洋、地质灾害监测设施等。对防汛防台抗旱工程设施的保护义务由消极义务和积极义务构成：一是公民、法人和其他组织不得损毁、破坏防汛防台抗旱工程设施；二是公民、法人和其他组织发现损毁、破坏防汛防台抗旱工程设施的行为时，应当及时制止，并向防汛防台抗旱工程设施的管理单位或者政府有关部门报告。

2.积极参与防汛防台抗旱工作。防汛防台抗旱工作任务艰巨，关系到人民群众的生命财产安全和公共利益，需要每一个公民、法人和其他组织的参与。公民、法人和其他组织参与防汛防台抗旱工作的方式有两种：一是直接参与，即在防指、有关人民政府、县级以上人民政府有关部门的组织指导下，参加防汛防台抗旱和抢险救灾的有关工作；二是间接参与，即为防汛防台抗旱工作提供各种便利和服务。

3.执行防汛防台抗旱决定和命令。在防汛防台抗旱过程中，防指、有关人民政府、县级以上人民政府有关部门根据防汛防台抗旱需要，将发布一些决定和命令。这些决定和命令具有法律效力，公民、法人和其他组织必须严格执行。

普遍性权利的内容，本条例未作明确列举。从已有法律、法规的规定来看，这些权利主要包括知情权、获得救助权和获得救济权。知情权，是指公民、法人和其他组织有了解防汛防台抗旱的法律法规及相关政策、人员转移及避灾信息、汛情、旱情、非常抗旱时期的用水限制措施、灾后救灾资金的使用和损失补偿等情况的权利。获得救助权，是指公民、法人和其他组织因洪涝、台风、干旱等自然灾害遭遇危险时，有请求防指、有关人民政府、县级以上人民政府有关部门排除险情、保障安全的权利。获得救济权，是指公民因洪涝、台风、干旱等自然灾害造成生活困难时，有获得救济的权利。

二、特殊性义务

特殊性义务，是指特定主体应当履行的义务。

本条第二款规定了机关、团体、企业事业单位应当履行的两项特殊性义务：一是采取多种形式开展防汛防台抗旱安全知识教育；二是适时开展应急演练。规定机关、团体、企业事业单位前述义务的共同目的是提高科学防灾避险和自救互救能力。

只有广泛而持续地开展防汛防台抗旱安全知识教育和应急演练，才能够提高人民群众科学地防灾避险和自救互救能力。机关、团体、企业事业单位在人员配置、知识结构等方面的优势使之有能力在防汛防台抗旱安全知识教育和应急演练方面有所作为。防汛防台抗旱安全知识教育的形式可以多样化，因地制宜，因人施策。

第十一条 县级以上人民政府应当对防汛防台抗旱工作中成绩显著的单位和个人予以激励褒扬。

【条文主旨】

本条对防汛防台抗旱工作激励褒扬制度作出规定。

【条文理解】

防汛防台抗旱工作激励褒扬制度旨在肯定在防汛防台抗旱工作中作出显著成绩的单位和个人的贡献，弘扬他们的精神，激励更多的单位和个人，特别是基层干部群众投入防汛防台抗旱工作。

本条规定了防汛防台抗旱工作激励褒扬的实施主体和适用对象，具体如下。

一、实施主体

根据本条规定，防汛防台抗旱工作激励褒扬的实施主体是县级以上地方人民政府，包括县（市、区）人民政府、设区的市人民政府、省人民政府。

二、适用对象

根据本条规定，防汛防台抗旱工作激励褒扬的适用对象是在防汛防台抗旱工作中成绩显著的单位和个人。这包含两层含义：

第一，凡是参与防汛防台抗旱工作的单位和个人，都有可能获得激励褒扬。防汛防台抗旱工作需要全社会的积极参与，从地方各级人民政府到县级以上地方人民政府应急管理、水行政、自然资源、住房城乡建设、农业农村、气象等其他负有防汛防台抗旱职责的部门、单位及其工作人员，从中国人民解放军、中国人民武装警察部队、民兵、国家综合性消防救援队伍到村（居）民委员会、村（居）民，以及其他防汛防台抗旱抢险救援力量，都可能成为防汛防台抗旱工作激励褒扬的对象。

第二，激励褒扬的适用对象仅限于在防汛防台抗旱工作中成绩显著的单位和个人。对“成绩显著”的判断标准，某些立法已有规定，如《中华人民共和国防汛条例》第四十二条规定：

“有下列事迹之一的单位和个人，可以由县级以上人民政府给予表彰或者奖励：（一）在执行抗洪抢险任务时，组织严密，指挥得当，防守得力，奋力抢险，出色完成任务者；（二）坚持巡堤查险，遇到险情及时报告，奋力抗洪抢险，成绩显著者；（三）在危险关头，组织群众保护国家和人民财产，抢救群众有功者；（四）为防汛调度、抗洪抢险献计献策，效益显著者；（五）气象、雨情、水情测报和预报准确及时，情报传递迅速，克服困难，抢测洪水，因而减轻重大洪水灾害者；（六）及时供应防汛物料和工具，爱护防汛器材，节约经费开支，完成防汛抢险任务成绩显著者；（七）有其他特殊贡献，成绩显著者。”对立法尚未对“成绩显著”作出明确规定的领域，县级以上地方人民政府应当根据激励褒扬制度的目的——表彰先进、激励后进，结合实际，作出具体规定。

三、其他

激励褒扬的程序和方式是防汛防台抗旱工作激励褒扬制度的重要内容。鉴于《中华人民共和国公务员法》、《公务员奖励规定》、《应急管理系统奖励暂行规定》（应急〔2020〕88号）、《浙江省公务员及时奖励办法（试行）》（浙组〔2019〕17号）、《浙江省应急管理及时奖励实施细则（试行）》（浙应急人事〔2020〕163号）等法律和规范性文件已对该事项作出规定，本条例不作赘述。在适用前述法律和规范性文件时，应当注意它们在适用范围上的差异。

此外，在对防汛防台抗旱工作中成绩显著的单位和个人实施激励褒扬时，应当遵循向基层一线倾斜原则和及时奖励原则。

第十二条　省应急管理部门应当会同其他有关部门加强洪涝、台风、干旱等自然灾害风险预防、研判、指挥、预警和处置的数字化建设，按照整体智治要求，建立健全全省统一的防汛防台抗旱数字化平台，推动自然灾害风险防控体系和能力的智能化、现代化。

【条文主旨】

本条对防汛防台抗旱数字化建设作出规定。

【条文理解】

为落实省委全面推进数字化改革的战略部署，按照整体智治要求，推进防汛防台抗旱领域数字化治理水平，本条对防汛防台抗旱数字化建设作出规定。

数字化改革是本省新发展阶段全面深化改革的总抓手，也是一项牵一发动全身的重大标志性改革。自 2020 年开始，省防指办牵头，水利、自然资源、建设、农业农村、文化和旅游、大数据、气象等部门共同研究，立足防抗救一体化，聚焦地质灾害、小流域山洪、城市内涝等重点，建设以“一图一码一指数、一库一屏一键通”为核心的自然灾害风险防控和应急救援精密智控平台，已接入 3557 个气象雨量站、4652 个水文测站等实时监测预警和 15405 艘渔船实时位置信息，初步实现全省域监测预报系统信息资源共享。

2021 年 9 月 15 日，省委书记袁家军到省应急管理厅听取应急管理领域数字化改革情况汇报时指出，要不断彰显改革突破，规范化体系化推进数字化改革，以改革倒逼提升实战能力，全面提升治理效能和水平。要持续推进迭代升级，把迭代当作工作态度、思维方法和制胜法宝。要强化统筹协调职能，发挥省防指办统筹协调作用，坚持横向协同、纵向贯通，梳理、细化、完善防汛防台"八张风险清单"，不断优化"防汛防台在线"实战功能。

第二章　预防与准备

第十三条　县级以上人民政府应当将防汛防台抗旱工程设施建设纳入国民经济和社会发展规划以及国土空间规划，综合考虑灾害风险空间分布，科学规划水库、重要堤防、海塘、水闸、泵站、堰坝、渔港和避风锚地等工程设施建设，提高洪涝、台风、干旱等自然灾害的工程设施防御能力。

【条文主旨】

本条对防汛防台抗旱工程设施建设的总体要求作出规定。

【条文理解】

防汛防台抗旱工程设施属于社会公益性的基础设施，在历次防汛防台抗旱工作中发挥了巨大的防灾减灾作用。一般来说，防汛防台抗旱工程设施具有以下特征：一是建设周期长，资金投入大，不确定因素多；二是涉及上下游、左右岸，影响范围广。

为了提高洪涝、台风、干旱等自然灾害的工程设施防御能力，本条对县级以上人民政府建设防汛防台抗旱工程设施提出以下要求：

1. 防汛防台抗旱工程设施的建设应当科学规划，合理布局，提高洪涝、台风、干旱等自然灾害的工程设施整体防御能力；

2. 防汛防台抗旱工程设施建设所需资金应当纳入国民经济和社会发展规划以及年度计划；

3. 按照新形势下“多规合一”要求，做好防汛防台抗旱工程规划与国土空间规划之间的有效衔接。

第十四条 县级以上人民政府应当建立洪涝、台风、干旱等自然灾害统一调查监测评估制度。

县级以上人民政府防汛防台抗旱指挥机构应当建立健全灾害风险识别机制。水行政、自然资源、住房城乡建设、农业农村、气象等主管部门应当根据自然灾害统一调查结果，划定风险类型、风险等级、风险区域，编制和动态更新专业灾害风险识别图；防汛防台抗旱指挥机构应当根据专业灾害风险识别图编制和动态更新灾害综合风险识别图。

【条文主旨】

本条对自然灾害统一调查监测评估制度和灾害风险识别机制作出规定。

【条文理解】

强化风险意识，提高风险管控能力，是认真践行习近平总书记“两个坚持、三个转变”防灾减灾救灾理念的重要举措。为了实现对风险的有效管控，本条对县级以上人民政府及其防指分别提出以下要求。

一、县级以上人民政府应当建立自然灾害统一调查监测评估制度

自然灾害统一调查监测评估制度，指由特定国家机关统一对自然灾害的类型、分布、致灾情况等进行调查、监测和评估。该制度能够摸清特定地区自然灾害风险隐患底数，查明本地区的抗灾能力，客观认识本地区自然灾害综合风险水平，为中央和地方各级人民政府有效开展自然灾害防治工作、切实保障经济社会可持续发展提供权威的灾害风险信息和科学决策依据。《国务院第一次全国自然灾害综合风险普查领导小组办公室关于印发〈第一次全国自然灾害综合风险普查总体方案〉的通知》（国灾险普办发〔2020〕2号）明确，通过实施普查，建立健全自然灾害综合风险与减灾能力调查评估指标体系，分类型、分区域、分层级的自然灾害风险与减灾能力数据库，多尺度隐患识别、风险识别、风险评估、风险制图、风险区划、灾害防治区划的技术方法和模型库，开展地震灾害、地质灾害、气象灾害、水旱灾害、海洋灾害、森林和草原火灾等主要灾种风险评估、多灾种风险评估、灾害链风险评估和区域综合风险评估。

二、县级以上人民政府防指应当建立健全灾害风险识别机制

一方面，水行政、自然资源、建设、农业农村、气象等主管部门应当根据自然灾害统一调查结果，划定风险类型、风险等级、风险区域，编制和动态更新专业灾害风险识别图。另一方面，防指应当集成水行政、自然资源、建设、农业农村、气象等专业部门的灾害风险数据及动态风险监测数据，综合评估灾害风险等级，绘制自然灾害综合风险图，分区域划定风险类型、风险等级并动态更新，为灾害风险监测预警智能化、指挥决策精准化提供依据。

第十五条 县级以上人民政府防汛防台抗旱指挥机构应当组织编制本行政区域防汛防台抗旱应急预案，经本级人民政府批准后实施，并报上一级人民政府防汛防台抗旱指挥机构备案。

负有防汛防台抗旱职责的部门和单位应当根据本级防汛防台抗旱应急预案，编制本部门、本单位防汛防台抗旱应急预案，或者将防汛防台抗旱纳入本部门、本单位其他应急预案，并报本级人民政府防汛防台抗旱指挥机构备案。

乡镇人民政府、街道办事处防汛防台抗旱指挥机构应当根据上一级防汛防台抗旱应急预案，结合当地实际，编制本辖区防汛防台抗旱应急预案，经县（市、区）人民政府防汛防台抗旱指挥机构批准后实施。

乡镇人民政府、街道办事处防汛防台抗旱指挥机构应当指导村（居）民委员会编制本区域防汛防台形势图。

水库、重要堤防、海塘、水闸、泵站、堰坝、渔港和避风锚地等工程设施的管理单位应当编制险情应急处置预案，经有管辖权的县级以上人民政府相关部门批准后实施。

【条文主旨】

本条对防汛防台抗旱应急预案和险情应急处置预案的编制、批准和备案程序作出规定。

【条文理解】

防汛防台抗旱应急预案是为迅速、有序、有效地应对可能发生的洪涝、台风、干旱灾害事件而预先制定的行动方案，是防汛防台抗旱的一项基础性工作。本条明确了各类防汛防台抗旱应急预案和险情应急处置预案的编制、批准和备案要求，具体包括以下内容：

一、政府防汛防台抗旱应急预案

政府防汛防台抗旱应急预案的主要内容是规范县级以上层面的应对行动，侧重于统筹协调、分析会商、监督指导和重大洪涝、台风、干旱灾害与险情应急处置的组织指挥，需要由本级人民政府批准后实施。防汛工作关系到上下游、左右岸，需要报上一级人民政府防指备案。

二、部门和单位防汛防台抗旱应急预案

部门和单位防汛防台抗旱应急预案的内容根据编制单位的职责而定，侧重于应急处置的主体职能和组织动员、具体部署、措施落实。值得注意的是，部门和单位防汛防台抗旱应急预案既可以以独立预案的形式存在，也可以纳入本部门、本单位其他应急预案。无论其采用何种表现形式，都要报本级人民政府防指备案。

三、基层组织防汛防台抗旱应急预案

基层组织防汛防台抗旱应急预案由乡镇人民政府、街道办事处防指编制和实施，其制定依据是上一级防汛防台抗旱应急预案和当地实际情况，并应当报县（市、区）人民政府防指批准。该类预案的内容主要是规范乡镇街道层面的应对行动，侧重于工作职责分解、预警信息传播、险情灾情报告、人员转移安置等具体措施落实和险情先期处置。

四、村（社区）防汛防台形势图

村（社区）防汛防台形势图是防汛防台应急预案图表化的表现形式，其内容围绕自防自救，侧重于危险区和责任网格划分、巡查预警、人员疏散转移、信息报告等，宜采用图表形式，以实现可视化。村（社区）防汛防台形势图的编制由县级防指牵头审核，乡镇人民政府、街道办事处防指具体指导，村（居）民委员会负责编制，每年汛前更新。除风险隐患外，对镇村防汛责任人、需转移人员等信息也须同步动态更新。

五、工程设施险情应急处置预案

工程设施险情应急处置预案由水库、重要堤防、海塘、水闸、泵站、堰坝、渔港和避风锚地等工程设施的管理单位编制和实施，并应当报经有管辖权的县级以上人民政府相关行业主管部门批准。该预案是专项应急预案，应当根据不同工程可能发生的险情，逐一编制，内容围绕自身工程安全和功能发挥，侧重于巡查监测、调度运用、险情处置、信息报告。这里的“有管辖权”是指工程管理的权限。

在断水、断电、断网、断路、断气等紧急情况下的应急处置，以及在应对极端天气灾害（台风、洪涝）时或紧急防汛期间依法实施停止户外集体活动、停课、停工、停业、停运等“五停”应急措施，应当遵循“属地管理、主动响应、科学高效、确保安全”的原则，纳入各级各部门的应急预案中。

在编制各类预案过程中，要注重上下级预案，政府预案与部门、单位专业（专项）预案的有效衔接和统一。同时，各类预案的编制程序不同，有的需要批准，有的需要备案。“批准”，意味着预案未经相关部门同意不能生效，不能实施；“备案”，意味着预案在编制完成一定时间内应当告知相关部门，相关部门对预案的生效和实施没有决定权。

第十六条　县级以上人民政府水行政主管部门应当组织制定本级防洪规划确定的蓄滞洪区的运用方案，经防汛防台抗旱指挥机构审核，报本级人民政府批准后实施。

省水行政主管部门应当组织制定钱塘江干流、浦阳江、瓯江、东苕溪的洪水调度方案，经省人民政府防汛防台抗旱指挥机构批准后实施。

有关设区的市水行政主管部门应当组织制定甬江、椒江、鳌江、飞云江、西苕溪和钱塘江其他重要支流的洪水调度方案，经本级人民政府防汛防台抗旱指挥机构批准后实施，并报省人民政府防汛防台抗旱指挥机构备案。

水行政等主管部门应当将其审批的水工程控制运用计划和应急度汛方案，报本级人民政府防汛防台抗旱指挥机构备案。

【条文主旨】

本条对蓄滞洪区的运用方案及重要江河干流和支流洪水调度方案的制定和审批程序作出规定。

【条文理解】

一、蓄滞洪区运用方案的制定和审批程序

蓄滞洪区，是指在洪水灾害比较严重的地区，在河道（洪道）沿岸辟有临时蓄滞洪水的区域。本省已确定的省级蓄滞洪区有诸暨的高湖，余杭的南湖、北湖，以及上虞的大浸畈，等等，在钱塘江及其支流浦阳江、苕溪、甬江等重要江河设置了一批遭遇超标准洪水弃守、破堤滞洪的区域。

设置蓄滞洪区的目的主要是削减洪峰流量，即江河处于高水位运行且预报仍将有大的降雨过程时，为了确保江河两岸堤防安全、重要基础设施的防洪安全及下游地区正常的生产生活，经科学论证，根据流域洪水调度方案，有计划地将部分洪水引入蓄滞洪区，以缓解江河水位的迅速上涨，削减洪峰流量，减轻防洪压力。蓄滞洪区一旦被启用，势必严重影响该区域内人民群众的正常生产和生活。因此，启用蓄滞洪区须经过慎重考虑和专业分析，制定具体的运用方案，并与洪水调度方案相衔接。基于此，本条规定县级以上人民政府水行政主管部门应当组织制定本级防洪规划确定的蓄滞洪区的运用方案，并经防指审核，报本级人民政府批准后实施。

二、重要江河干流和支流洪水调度方案的制定和审批程序

洪水调度方案，是指在现有防洪工程设施和自然地理环境条件下，对可能发生的各种不同类型的洪水按预先制定的调度计划安排。它是各级人民政府防指实施防洪控制性工程调度运用的基本依据。由于洪水调度涉及江河上下游、左右岸不同地区、不同行业的权益，所以其方案的制定必须坚持“确保重点、兼顾一般、统筹安排、服从大局”的原则。

钱塘江是本省第一大江河，钱塘江干流的洪水流量大，影

响因素多，且受钱塘江河口潮位顶托，洪水调度方案涉及面广，影响范围大。浦阳江是钱塘江的一条主要支流，流经浦江、诸暨、萧山3个县市区，洪涝灾害频繁，有“小黄河”之称，亦系浙江省4条洪涝灾害最严重的河流之一。瓯江是本省第二大江河，干流流经丽水、温州两个设区市，其上游建有紧水滩、滩坑等大中型水库水电站和开潭等一批干流梯级枢纽，分属于多个部门管辖，其洪水调度不仅要考虑地区间的利益，还要考虑防洪与发电的关系。东苕溪属太湖水系，洪水流入太湖，其洪水调度涉及本省杭嘉湖东部平原地区以及江苏省和上海市的部分地区。据此，为了使洪水调度方案能够综合考虑各方利益，本条根据洪水调度可能影响的范围，确定钱塘江干流及浦阳江、瓯江、东苕溪的洪水调度方案，由省水行政主管部门组织制定，经省人民政府防指批准后实施。

甬江、椒江、飞云江、鳌江、西苕溪都是本省的重要水系，但其流域主要区域均在一个设区市范围内，其洪水调度的影响分别涉及宁波、台州、温州、湖州等地区的防洪安全。钱塘江其他重要支流如乌溪江、新安江、分水江等的流域面积也比较大，支流上建有许多大中型控制性工程，因此，本条规定，甬江、椒江、飞云江、鳌江、西苕溪和钱塘江其他重要支流的洪水调度方案由所在地设区的市水行政主管部门制定，经本级人民政府防指批准后实施，并报省人民政府防指备案。具体而言，甬江、椒江的洪水调度方案分别由宁波市、台州市水行政主管部门组织制定；飞云江、鳌江的洪水调度方案由温州市水行政主管部门组织制定；西苕溪的洪水调度方案由湖州市水行政主管部门组织制定；钱塘江的其他重要支流，如乌溪江、金华江、分水江、曹娥江等的洪水调度方案由所在地设区市水行政主管部门组织制定，均需报省人民政府防汛防台抗旱指挥机构备案。

洪水调度方案的制定既要考虑江河的防洪安全，又要考虑洪水资源的合理利用，其内容主要包括：防洪工程状况、设计洪水（洪水预报）、洪水调度原则、洪水调度方案、洪水资源利用、责任与权限、附则等。

三、其他控运计划和度汛方案报备规定

水行政等主管部门在审批水工程控制运用计划和应急度汛方案时，应当遵守流域洪水调度方案或流域防御洪水方案，审批后应当报本级人民政府防指备案。

第十七条　县级以上人民政府防汛防台抗旱指挥机构以及负有防汛防台抗旱职责的部门和单位，应当定期组织防汛防台抗旱应急演练，并加强对乡镇人民政府、街道办事处和村（居）民委员会应急演练的指导。

乡镇人民政府、街道办事处和村（居）民委员会应当有针对性地开展防御小流域山洪、地质灾害、城市内涝等应急演练。

【条文主旨】

本条对县级以上人民政府防指以及负有防汛防台抗旱职责的部门和单位、乡镇人民政府、街道办事处和村（居）民委员会开展应急演练的职责作出规定。

【条文理解】

开展防汛防台抗旱应急演练是检验防汛防台抗旱预案合理

性、可操作性的重要手段，也是防汛防台抗旱宣传教育工作的一项重要内容。通过应急预案演练，可以提早发现应急处置过程中存在的问题，及时整改，并让相关人员熟悉防汛防台抗旱工作流程，积累经验，在关键时刻拉得出、冲得上、打得赢。

本条规定了县级以上人民政府防指以及负有防汛防台抗旱职责的部门和单位、乡镇人民政府、街道办事处和村（居）民委员会开展应急演练的职责。具体如下：

一、县级以上人民政府防指以及负有防汛防台抗旱职责的部门和单位应当定期开展应急演练

县级以上人民政府防指应当定期组织开展防汛防台抗旱综合应急演练，演练侧重于组织指挥、应急资源调度、综合协调、救援处置等内容；负有防汛防台抗旱职责的部门和单位应当定期组织防汛防台抗旱专项应急演练，模拟各种灾害发生的场景，检验预案的实用性和可操作性。

二、乡镇人民政府、街道办事处和村（居）民委员会应当有针对性地开展应急演练

乡镇人民政府、街道办事处应当根据各自范围内的灾害特点，有针对性地开展防御小流域山洪、地质灾害、城市内涝等的应急演练。这类应急演练的具体内容必须与本地的灾害特点相结合，具有针对性，旨在通过应急演练，增强群众灾害风险意识，让群众熟悉应急避灾流程，尽可能减少人员伤亡。

三、县级以上人民政府防指以及负有防汛防台抗旱职责的部门和单位应当加强对乡镇人民政府、街道办事处和村（居）民委员会应急演练的指导

应急演练的内容、形式和具体时间等，都对演练效果有一定影响。在这方面，县级以上人民政府防指以及负有防汛防台抗旱职责的部门和单位具有专业能力和较为丰富的经验，应当为乡镇人民政府、街道办事处和村（居）民委员会提供指导。作为职责，一方面，县级以上人民政府防指以及负有防汛防台抗旱职责的部门和单位应当主动作为，积极为乡镇人民政府、街道办事处和村（居）民委员会提供指导；另一方面，乡镇人民政府、街道办事处和村（居）民委员会在开展应急演练时遇到困难或问题，也可以请求县级以上人民政府防指以及负有防汛防台抗旱职责的部门和单位给予支持。

第十八条 县级以上人民政府防汛防台抗旱指挥机构以及有关部门应当在各自职责范围内，通过应急工作指引、典型案例警示等方式，组织开展防汛防台抗旱知识宣传教育和培训。

县（市、区）人民政府防汛防台抗旱指挥机构应当组织开展对乡镇人民政府、街道办事处防汛防台抗旱指挥机构及其办事机构，以及村（居）防汛防台抗旱工作组、网格责任人的业务培训。

【条文主旨】

本条对防汛防台抗旱知识宣传教育和培训的主体及开展方式作出规定。

【条文理解】

自然灾害的突发性强，无论是单位还是个人，都需要在平时储备足够的防汛防台抗旱知识，以便在灾害来临之时有效应对，将灾害损失降到最少。这就要求政府和相关部门开展宣传、教育和培训，提高全民的防汛防台抗旱意识和自防自救能力。

一、开展防汛防台抗旱知识宣传教育培训

本条规定县级以上人民政府防指以及有关部门应当在各自职责范围内，通过应急工作指引、典型案例警示等方式，组织开展防汛防台抗旱知识宣传教育和培训。这里的宣传教育培训，既包括对相关部门、单位的宣传教育培训，也包括对普通社会公众的宣传教育培训。推动防灾减灾宣传进企业、进农村、进社区、进学校、进家庭，提升全民防灾避灾意识和能力。及时开展防汛防台抗旱案例总结宣传，发挥案例警示教育作用。

二、开展防汛责任人履职培训

为提升基层指挥人员的组织、指挥能力，加强有关部门和单位的协调配合能力，全面提升县（市、区）、乡镇街道、村的排险、救援能力，要健全党政领导干部防汛防台抗旱履职能力培训机制，加大基层干部和救援人员的培训力度，每年汛期前至少组织一轮培训。

第十九条 县级以上人民政府应当加强防汛防台抗旱应急物资储备体系规划和建设，建立健全统一高效的应急物资储备、调用、共用共享等保障机制。

县级以上人民政府发展改革主管部门应当会同应急管理等部门制定防汛防台抗旱应急物资储备目录，明确应急物资储备的种类、方式、数量和责任单位，经本级人民政府批准后实施。

应急物资储备责任单位应当落实应急物资储备职责，规范应急物资日常管理，并及时补充相关物资。

【条文主旨】

本条对防汛防台抗旱应急物资保障工作作出规定。

【条文理解】

一、防汛防台应急物资储备体系和保障机制的建设

防汛防台抗旱应急物资储备保障到位是有效应对洪涝、台风、干旱灾害的重要基础性工作。2018年机构改革以来，全省应急物资储备管理机构职能优化调整，职责体系不断健全，储备管理工作深化创新。在新的工作实践的基础上，县级以上人民政府应当加强防汛防台抗旱应急物资储备体系规划和建设，明确应急物资储备目标、任务、模式、职责分工等事项。

防汛防台抗旱应急物资储备职责主要涉及发改、水利、交通运输、建设（城管、市政）、粮食物资、自然资源、电力、通信管理等部门和消防救援机构。在应急响应期间，应急物资应当接受政府或防指及其办公室的统筹调拨，提升应急物资保障效率。因此，建立健全统一高效的应急物资共用共享和统筹调拨等保障机制十分必要。共用共享和统筹调拨机制应当由县级以上人民政府及其授权的相关部门（机构）制定发布，共享范围应当涵盖本级所有防汛防台应急物资储备职能单位，并具体明确申请条件、申请主体、申请审核程序、回收返还要求、经费保障等内容。

二、防汛防台抗旱应急物资储备标准的制定

制定防汛防台抗旱应急物资储备标准是实现应急物资精准化管理的重要抓手。储备标准包括应急物资储备的种类、数量、方式和责任单位等内容。制定储备标准的牵头部门是县级以上人民政府发展改革主管部门，同时要会同应急管理等部门共同

研究制定，经本级人民政府批准后实施。防汛防台抗旱应急物资储备标准应当实行分级负责的原则，上级部门可制定参考标准，为下级部门制定标准提供指引。制定储备标准要立足本地区灾害天气防御应对特别是防汛防台抗旱工作的实际需要，按照“结构科学、布局合理、数量充足”的要求，制定本级应急物资储备目录清单和数量，明确责任单位，并根据自然灾害综合风险普查和历次灾害应对情况进行动态调整和优化，确保关键时刻调得出、用得上。同时，县级人民政府防指要指导所辖乡镇（街道）和村（社区）明确储备目录和数量，共同构建省市县乡村五级防汛防台抗旱应急物资储备标准体系。

三、防汛防台抗旱应急物资储备管理制度

有关应急物资储备职能单位应当建立紧急采购、维护检测、调拨运输、分发使用、回收报废、核销补库等管理制度，明确具体管理责任人员，制定岗位责任清单，规范应急物资日常管理。

第二十条 县（市、区）人民政府及其应急管理部门应当统筹规划设立符合国家和省有关标准的避灾安置场所，明确场所管理责任人，标注明显标志，并向社会公布避灾安置场所目录。

避灾安置场所管理单位应当按照国家和省有关规定，加强避灾安置场所的维护和管理，保证其正常使用。

防汛防台应急响应期间，学校、影剧院、会堂、体育场馆等公共建筑物应当根据当地人民政府的指令，作为临时避灾安置场所无条件开放。

【条文主旨】

本条对避灾安置场所的设立、维护、管理与使用作出规定。

【条文理解】

避灾安置场所是由县级人民政府确认或组织建设，为受洪涝、风雹、台风、地震、滑坡、泥石流等自然灾害和突发公共事件影响，需要转移安置的当地群众及外来人员，无偿提供临时性避护和基本生活保障的场所。

本条规定了以下内容。

一、避灾安置场所的设立

避灾安置场所的设立职责归属于县（市、区）人民政府及其应急管理部门。县（市、区）人民政府及其应急管理部门要做到以下三点：一是统筹规划设立的避灾安置场所要符合国家和省有关标准。对拟确认和改（扩）建的避灾安置场所，要进行严格审查，对在选址、建筑质量、标识标牌、配套设施等方面符合《避灾安置场所建设与管理规范》（DB33/T 2158—2021）的，可以纳入避灾安置场所范围。二是要明确避灾安置场所的管理责任人，防止因疏于管理而使该场所丧失避灾安置功能。三是对避灾安置场所标注明显标志，并向社会公布避灾安置场所目录，便于受灾群众找寻。

二、避灾安置场所的维护、管理与使用

应急管理部门要做好避灾安置场所的牵头组织、业务指导、沟通协调、信息汇总等工作；建设部门要做好避灾安置场所的房屋质量安全检查和鉴定工作。避灾安置场所管理单位应当按照国家和省有关规定，指定专人做好避灾安置场所的维护和日常管理工作，保证其在发生自然灾害时能够正常使用。

在发生疫情等突发公共卫生事件时，避灾安置场所管理单位要根据本区域疫情风险等级，充分考虑汛情、疫情“双叠加”影响，加强灾前场所卫生消毒、防疫物资保障、人员健康监测等工作，落实灾中场所进入管控、人员规模控制、环境卫生消毒、防疫应急处置等举措。

三、临时避灾安置场所的启用

在防汛防台应急响应期间，当地人民政府可以根据灾害影响状况和人员转移安置需要，要求各类学校、影剧院、会堂、体育场馆等符合基本建设要求的公共建筑物作为临时避灾安置场所予以开放，有关单位不得以任何理由拒绝。

第二十一条 县级以上人民政府应当建立健全防汛防台抗旱应急救援力量体系，完善应急救援专家库，并根据需要组建专业应急救援队伍。

省应急管理部门应当会同有关部门推进应急救援航空体系建设，加强海上、水面救助打捞能力建设和装备配置，提高极端条件下防汛防台抗旱应急救援能力。

乡镇人民政府、街道办事处应当按照省有关规定，整合辖区内基层警务人员、专职消防队员、民兵、治安巡逻队员、企业应急人员等力量，组建综合性应急救援队伍，承担防汛防台抢险救援相关任务。村（居）民委员会可以结合当地实际，组建相应的防汛防台应急救援力量。

县级以上人民政府应当通过购买服务、资金补助、培训指导等方式，鼓励和引导社会应急力量参与防汛防台抗旱抢险救援工作，规范社会应急力量的抢险救援行为，推动社会应急力量发展。具体办法由省应急管理部门制定。

【条文主旨】

本条对各层级、各类防汛防台抗旱应急救援力量的建设要求作出规定。

【条文理解】

一、全省应急力量体系建设的总体框架

近年来，本省围绕“快速响应、机动高效、专常兼备”的目标，全面构建以综合性消防救援队伍为主力、以军队应急力量为突击、以专业救援队伍为骨干、以社会应急力量为补充、以基层应急救援队伍为先行的应急救援力量体系，切实加强全省应急救援队伍区域联动和协同作战实力，满足全省及重点行业（领域）各类突发事件应对工作需求。

二、组建防汛防台抗旱专业应急救援队伍

防汛防台抗旱应急力量体系中，专业队伍是攻坚克难的关键力量，必不可少。专业队伍区别于全能型的综合救援队伍，要求人员专职、装备精良、能力突出，规模不一定大，但必须能承担专业领域的重大抢险救援任务。专业队伍一般由省、市两级统筹规划，合理布局，并给予资金保障；愿意承担社会责任的企业（单位）也可结合自身业务组建专业队伍，纳入政府统一管理。专业队伍除了服务本地外，还应当根据政府的指挥调度，参与跨区域或全省范围防汛防台抗旱抢险救援。

三、建设应急救援航空体系，开辟空中救援通道

航空应急救援具有陆地和水上应急救援无可比拟的优势，

可在第一时间实现点对点快速直达。有关资料显示，德国的直升机 15 分钟内就能到达国内任何一个地方；美国国土辽阔，共有 1000 多架专用于航空医疗救援的航空器，84.5% 的人口享受到 20 分钟抵达现场的航空救援服务保障，覆盖全国 60% 的公路网络。对标发达国家水平，本省要努力成为新时代全面展示中国特色社会主义制度优越性的重要窗口，在应急救援方面要补齐空中救援的短板，率先在全国建设高水平的应急救援航空体系。为此，本条规定省应急管理厅应当会同有关部门推进应急救援航空体系建设，加强海上、水面救助打捞能力建设和装备配置，提高极端条件下防汛防台抗旱应急救援能力。2020 年，经省政府同意，省应急管理厅制定了《浙江省应急救援航空体系建设方案》，部署 5 架直升机开展 24 小时常态化备勤，开启了本省航空救援新时代。本省常态化备勤直升机配备了索降、外吊挂、浮桶、卫星图传等装备，可远离海岸线 200 公里实施海上救援，具备断路、断电、断网等极端条件下防汛防台抗旱应急救援能力。防汛防台抗旱期间突发险情，事发地应急指挥机构或应急管理部门可向省应急管理厅提出调用直升机的申请，调用程序简便快速，航空应急救援费用由省财政统一承担。

四、整合资源建设基层应急救援队伍

乡镇人民政府、村（居）民委员会作为基层组织，由于经费有限、资源有限，不具备建立规模较大、专业性强的应急救援队伍的现实条件。根据台汛灾害特点和应急救援实际需要，本条在总结以往经验的基础上明确，乡镇、村（居）民委员会可整合辖区内基层警务人员、专职消防队员、民兵、治安巡逻队员、企业应急人员等现有力量，承担防汛防台相关基础工作和抢险救援任务，在极端情况下可实现“乡自为战、村自为战”。

五、鼓励引导社会应急力量参与抢险救援

社会应急力量，是指除政府以外能够参与并作用于社会应急管理工作的社会组成部分，包括非政府组织、志愿者、企业、公民自发组成的社区组织等，非政府性、民间性、公益性、志愿性和自治性是其最鲜明的特征。2008年汶川特大地震中，各类社会组织与志愿者踊跃投身巨灾应对，成为汶川紧急救援的一大亮点。自此，无论是地质灾害还是气象灾害，无论是洪涝灾害还是台风侵袭，每逢危难之时，社会应急力量总是充分发挥其能动性，在抢险救援、医疗援助、物资供应等方面扮演着不可或缺且十分特殊的角色。但是，本省社会救援力量依然存在管理不规范、救援能力有限、资金装备短缺和参与应急救援信息不对称、协调不顺畅等方面的问题，需要各地各部门加强引导、强化服务，积极支持和规范队伍建设发展，推动社会应急力量发挥更大作用。为此，省应急管理厅制定了《关于培育支持社会救援力量发展的指导意见》(浙应急救援〔2019〕83号)，省安委办、省减灾办印发《浙江省应急救援队伍建设管理办法(试行)》，进一步加强全省应急救援队伍建设管理，提高突发事件应急救援能力。从2019年开始，省级财政每年投入400万元鼓励支持社会力量发展，培育社会应急力量205支，社会应急力量呈蓬勃发展势头，有力支持了防汛防台抗旱工作。

六、依靠专家科学救援

防汛防台抢险工作涉及多项专业技术，如果仅靠人数多，却不掌握必要的抢险专业技能，难以完成任务，甚至会忙中出乱，错失时机，给抢险救灾工作造成被动或不利影响。相关领域专家具有较高专业理论水平和丰富的实践经验，为此，县级

以上人民政府要整合社会资源，完善应急救援专家库，依托专家的专业优势，发挥专家在防汛防台抢险工作中的决策咨询和技术支撑作用，提高抢险方案的科学性、可行性。

第二十二条 县级以上人民政府应当建立自然灾害救灾资金应急保障机制。自然灾害救灾资金由县级以上人民政府财政部门会同应急管理部门统筹用于洪涝、台风、干旱等自然灾害的抢险救援、受灾群众救助、水毁工程修复等工作。

【条文主旨】

本条对自然灾害救灾资金的保障和使用作出规定。

【条文理解】

洪涝台旱灾害突发性强，灾害损失大，不确定因素多，抢险救援、受灾群众救助、水毁工程修复等工作所需资金时效性强，民生保障要求高。《自然灾害救助条例》第四条规定："县级以上人民政府应当将自然灾害救助工作纳入国民经济和社会发展规划，建立健全与自然灾害救助需求相适应的资金、物资保障机制，将人民政府安排的自然灾害救助资金和自然灾害救助工作经费纳入财政预算。"机构改革以来，政府部门职能发生了变化，为保证自然灾害救灾资金的来源和使用，本条在《自然灾害救助条例》的基础上，明确要求县级以上人民政府建立自然灾害救灾资金应急保障机制，确保灾害发生后有充足的资金快速用于抢险救灾。同时，明确自然灾害救灾资金由县级以上人民政府财政部门会同应急管理部门统筹用于洪涝、台风、干旱等自然灾害的抢险救援、受灾群众救助、水毁工程修复等工作。

为加强中央自然灾害救灾资金管理，提高资金使用绩效，2020 年，省财政厅、省应急管理厅出台了《浙江省中央自然灾害救灾资金管理暂行办法实施细则》。

第三章　监测与预警

第二十三条　本省汛期为每年的 4 月 15 日至 10 月 15 日。县级以上人民政府防汛防台抗旱指挥机构可以根据实际情况，宣布提前或者延长汛期。

每年 4 月 15 日前，县级以上人民政府防汛防台抗旱指挥机构应当全面部署防汛防台抗旱工作，按照规定权限公布防汛防台抗旱责任人名单，组织开展防汛防台抗旱知识宣传、必要的应急演练等工作。

【条文主旨】

本条对汛期和县级以上人民政府防指在汛期前应当做的准备工作作出规定。

【条文理解】

一、汛期的起止时间

汛期，一般是指江河洪水在一年中出现明显上涨的时期。

根据本省发生洪水台风的自然规律，本省的江河洪水以春汛、夏汛、秋汛为主，影响本省的洪涝台灾害大多发生于每年的4—10月。据此，本条规定，本省的汛期为每年的4月15日至10月15日。同时，考虑到全球气候的反常变化，汛期提前和延后的现象有可能发生，本条规定县级以上人民政府防指可以根据实际情况，宣布提前或者延长汛期。

二、入汛前的准备工作

汛期前是做好防汛防台准备工作的关键期。进入汛期后，台风、暴雨、高温等灾害性天气出现的频次将会大大增加，可能引发城市内涝、小流域山洪、地质灾害等，因此，县级以上人民政府防指应当在每年4月15日前，全面部署、组织落实好防汛防台抗旱各项应急准备工作。汛前应急准备工作主要包括：组织发动防汛防台汛前大检查，排查隐患并整改之，落实责任体系，培训宣传，编制预案和开展演练，落实物资队伍，等等，并按照规定权限公布防汛防台抗旱责任人名单，接受社会监督。

第二十四条 县级以上人民政府应当建立健全防汛防台抗旱风险隐患排查制度。

县级以上人民政府防汛防台抗旱指挥机构应当组织开展防汛防台抗旱风险隐患排查；发现风险隐患的，应当督促有关部门和单位及时落实管控措施，并限期整改。

负有防汛防台抗旱职责的部门和单位应当建立风险隐患清

单制度，依法对管辖范围内的工程设施、物资储备、应急预案、责任体系建设等情况进行检查；发现风险隐患的，应当督促责任单位及时落实管控措施并进行整改。

乡镇人民政府、街道办事处防汛防台抗旱指挥机构以及村（居）防汛防台抗旱工作组、网格责任人应当结合当地实际，针对性地开展防汛防台抗旱风险隐患排查；发现风险隐患的，应当及时告知责任单位；责任单位应当及时落实管控措施，并进行整改。

【条文主旨】

本条对防汛防台抗旱风险隐患排查制度作出规定。

【条文理解】

防汛防台抗旱风险隐患排查是一项重要的基础性工作，它能及时发现和纠正防汛防台抗旱准备工作中的不足、疏漏或隐患，为安全度汛打下坚实基础。

本条首先要求县级以上人民政府建立健全防汛防台抗旱风险隐患排查制度，然后从主体角度明确了防汛防台抗旱风险隐患排查制度的具体要求。

第一，县级以上人民政府防指负有组织和督促有关部门和单位、乡镇开展防汛防台抗旱风险隐患排查的双重职责，即一方面要组织有关部门和单位、乡镇开展防汛防台抗旱风险隐患排查，另一方面在发现风险隐患之后，要督促有关部门和单位及时落实管控措施，并限期整改。

第二，负有防汛防台抗旱职责的部门和单位应当建立风险隐患清单制度，依法对管辖范围内的工程设施、物资储备、应急预案、责任体系建设等情况进行检查。在做好自身隐患整改的同时，还要督促相关责任单位及时落实风险隐患管控措施，并限期整改。

第三，乡镇人民政府、街道办事处防指以及村（居）防汛防台抗旱工作组、网格责任人应当结合当地实际，有针对性地依法开展防汛防台抗旱风险隐患排查；发现风险隐患的，应当及时告知责任单位落实管控措施，并督促整改。

第二十五条 县级以上人民政府防汛防台抗旱指挥机构应当建立健全洪涝、台风、干旱等自然灾害监测预报系统，完善有关信息采集和报告网络，实现全省域监测预报系统信息资源共享。

负有防汛防台抗旱职责的部门和单位应当在各自职责范围内，做好监测设施、站点的建设和维护工作，根据需要在自然灾害高发易发区域和重点渔港等重要基础设施增设监测设施、站点，并实行监测设施、站点与自然灾害监测预报系统实时联网。

村（居）民委员会应当配合做好监测设施、站点建设和维护相关工作，并可以根据需要补充设置人工雨量观测筒、水位尺等简易监测设施、设备。

【条文主旨】

本条对全省各级自然灾害监测预报系统的建立健全和维护

工作作出规定。

【条文理解】

自然灾害监测预报系统，是通过不同平台对自然灾害进行监测和分析，并实现信息共享的网络系统，是数字化改革的重要组成部分，也是后续自然灾害监测预报预警、自然灾害风险会商研判和工作提示、自然灾害预警等机制流畅运作的重要支撑。防汛防台抗旱工作是否科学合理，决策是否及时准确，很大程度上取决于监测预报预警的精准性。为此，本条从以下方面作出规定：

一、自然灾害监测预报系统的建设

一方面，洪涝台旱等自然灾害监测预报系统建设的责任主体是县级以上人民政府防指；另一方面，县级以上人民政府防指应当完善有关信息采集和报告网络，实现全省域监测预报系统信息资源共享。从全链条服务于自然灾害灾前、灾发、灾中、灾后的各个环节，以及全面提升对自然灾害的风险早期识别、风险防控、综合决策、应急快速反应等全过程应急管理能力看，自然灾害监测预报系统必须汇聚气象、水利、自然资源、地震、林业和海洋等多部门的自然灾害信息，对海量、多源、多灾种的风险监测数据进行快速处理分析。这一目标的实现，有赖于有关信息采集和报告网络的完善和全省域监测预报系统信息资源的共享。

二、自然灾害监测设施、站点的建设和维护

自然灾害监测设施、站点的建设和维护是保障自然灾害监测预报系统正常运行的基础性工作。根据本条规定，一方面，负有防汛防台抗旱职责的部门和单位负责自然灾害监测设施、站点的建设和维护工作；另一方面，各部门和单位在建设自然灾害监测设施、站点时，应当科学规划，从客观需求出发，在自然灾害高发易发区域和重点渔港、城市桥隧等重要基础设施处增设监测设施、站点，并实行监测设施、站点与自然灾害监测预报系统实时联网。

自然灾害监测设施、站点分布广，并且大多分布在基层。因此，自然灾害监测设施、站点的建设和维护职责虽然归属于负有防汛防台抗旱职责的部门和单位，但需要所在地村（居）民委员会给予协助。同时，受制于财政资金等因素，负有防汛防台抗旱职责的部门和单位建设的自然灾害监测设施、站点的数量是有限的，不可能实现全覆盖。因此，本条要求村（居）民委员会在配合做好监测设施、站点建设和维护相关工作的同时，可以根据需要补充设置人工雨量观测筒、水位尺等简易监测设施、设备。

第二十六条 负有防汛防台抗旱职责的部门和单位应当在各自职责范围内做好洪涝、台风、干旱等自然灾害监测预报预警，提高台风、暴雨、洪水、地质灾害等预报预警信息的准确性和时效性，并及时向本级人民政府防汛防台抗旱指挥机构提供洪涝、台风、干旱等自然灾害及其可能引发的次生灾害的监测预报预警信息。

抗旱应急响应期间，县级以上人民政府水行政、农业农村、气象、生态环境、供水等主管部门和单位，应当及时向本级人民政府防汛防台抗旱指挥机构提供可供水能力、墒情、人工增雨作业、水质、供用水等信息。

【条文主旨】

本条对自然灾害监测预报预警机制作出规定。

【条文理解】

本条规定了防汛防台抗旱期间，负有防汛防台抗旱职责的部门和单位有做好相关监测、预报、预警工作，并向本级人民政府防指提供相关监测预报预警信息与资料的职责。

一、防汛防台期间的监测预报预警信息

在汛期，有关气象、水文、风暴潮、海浪的实时信息和预测预报成果以及地质灾害监测资料，对各级人民政府防指及有关成员单位的防汛、抢险决策至关重要。如江河、湖泊、水库的洪水调度和工程抢险，要根据气象、水文信息和预测预报的不同而采取相应的应对方案；山区山体崩塌、滑坡和泥石流等地质灾害易发生区是否需要实施人员撤离，取决于地质灾害监测资料和气象水文等信息；风暴潮的潮位、潮差及海浪浪高等信息与海上和沿海的防台工作关系重大。

也正因此，《中华人民共和国防洪法》和《中华人民共和国防汛条例》对自然灾害监测预报预警机制作出了规定。《中华人民共和国防洪法》第四十三条规定："在汛期，气象、水文、海洋等有关部门应当按照各自的职责，及时向有关防汛指挥机构提供天气、水文等实时信息和风暴潮预报；电信部门应当优先提供防汛抗洪通信的服务；运输、电力、物资材料供应等有关部门应当优先为防汛抗洪服务。"《中华人民共和国防汛条例》第二十五条规定："在汛期，水利、电力、气象、海洋、农林等部门的水文站、雨量站，必须及时准确地向各级防汛指挥部提供实时水文信息；气象部门必须及时向各级防汛指挥部提供有关天气预报和实时气象信息；水文部门必须及时向各级防汛指挥部提供有关水文预报；海洋部门必须及时向沿海地区防汛指挥部提供风暴潮预报。”

在《中华人民共和国防洪法》和《中华人民共和国防汛条例》前述规定的基础上，本条进一步明确了防汛防台抗旱期间，负有防汛防台抗旱职责的部门和单位有做好自然灾害监测、预报、预警工作，并向本级人民政府防指提供相关监测预报预警信息与资料的职责，并且对该职责的履行提出严格要求：一是提高台风、暴雨、洪水、地质灾害等预报预警信息的准确性和时效性。根据《浙江省人民政府关于进一步加强防汛防台工作的若干意见》（浙政发〔2020〕9号）的规定，本省将加快推进突发强对流天气监测预警工程建设，加大台风、暴雨、洪水、地质灾害等要素预报的提前量，提高网格降水预报产品的时空分辨率和准确率，提前1—3天发布台风警报，提前24小时发布降雨预报，提前1—3小时发布短临预报；省级预报细化到县，市级预报细化到乡镇（街道），县级短临预报细化到村（社区）。二是向本级人民政府防指提供监测预报预警信息时，不仅要及时，而且提供的信息要包括自然灾害及其可能引发的次生灾害的监测预报预警信息等两个方面。

二、抗旱期间的监测预报预警信息

在抗旱期间，城乡供水形势严峻，各级人民政府防指需要采取一系列的应对决策，如启动抗旱应急供水预案、开展人工增雨作业、启用应急水源、实施跨流域应急调水等增加供水能力的决策，限制工业、服务业用水和实行限时限量居民供水等节约用水的决策，这些决策都需要以水行政、气象、农业农村、生态环境、供水等主管部门和单位提供的信息为重要依据。

为此，《中华人民共和国抗旱条例》第二十二条规定："县级以上人民政府水行政主管部门应当做好水资源的分配、调度和保护工作，组织建设抗旱应急水源工程和集雨设施。县级以上人民政府水行政主管部门和其他有关部门应当及时向人民政府防汛抗旱指挥机构提供水情、雨情和墒情信息。"第二十三条规定："各级气象主管机构应当加强气象科学技术研究，提高气象监测和预报水平，及时向人民政府防汛抗旱指挥机构提供气象干旱及其他与抗旱有关的气象信息。"

本条在《中华人民共和国抗旱条例》前述规定的基础上，进一步明确了抗旱应急响应期间应当提供相关信息的部门和单位以及信息内容，即：县级以上人民政府水行政、农业农村、气象、生态环境、供水等主管部门和单位，应当及时向本级人民政府防指提供可供水能力、墒情、人工增雨作业、水质、供用水等信息。

第二十七条 县级以上人民政府防汛防台抗旱指挥机构以及应急管理、水行政、自然资源、住房城乡建设、农业农村、气象等主管部门应当加强洪涝、台风、干旱等自然灾害风险形势分析，建立健全自然灾害风险会商研判和提示机制。

县（市、区）人民政府防汛防台抗旱指挥机构应当及时将相关风险提示信息发送至可能受灾害性天气影响的乡镇人民政府、街道办事处防汛防台抗旱指挥机构以及村（居）防汛防台抗旱工作组、网格责任人。

【条文主旨】

本条对自然灾害风险会商研判和提示机制作出规定。

【条文理解】

在相关部门、单位做好自然灾害监测预报工作，并向本级人民政府防指提供相关资料、信息的基础上，各级防指及相关成员单位应当加强洪涝、台风、干旱等自然灾害风险形势分析和会商研判，并将分析研判后的风险提示信息及时、全面发送、传递至基层。

本条主要规定两个方面的内容。

一、建立自然灾害风险会商研判和提示机制

《浙江省人民政府关于进一步加强防汛防台工作的若干意见》(浙政发〔2020〕9号)要求县级以上人民政府及相关部门“建立健全自然灾害风险会商研判和提示机制”，并提出了三方面的具体要求：

1.开展灾害形势分析。定期组织开展自然灾害风险分析和趋势预测，共享监测预警信息，研判本地区、本系统灾害风险形势，形成灾害形势分析报告。

2.加强专业会商研判。开展气象、洪涝、地质、海洋等灾害形成机理研究，分析灾害阈值，推动多方参与基于多源监测预警信息的会商研判，形成专业会商意见。

3.强化综合会商研判。构建涉灾部门、专家团队、地方政府等参与的综合会商平台，密切关注重特大自然灾害发生发展全过程，组织研判灾害风险，制定“研判一张单”。

本条第一款在总结《浙江省人民政府关于进一步加强防汛防台工作的若干意见》(浙政发〔2020〕9号)实施经验的基础

上，正式确立了自然灾害风险会商研判和提示机制，并明确建立健全该机制的责任主体是县级以上人民政府防指以及应急管理、水行政、自然资源、住房城乡建设、农业农村、气象等主管部门，其核心是加强洪涝、台风、干旱等自然灾害风险形势分析，为决策提供依据。

二、建立风险提示传递机制

根据本条第二款规定，风险提示的主体是县（市、区）人民政府防指，落实的主体是乡镇人民政府、街道办事处防指以及村（居）防汛防台抗旱工作组、网格责任人。收到风险提示信息后，乡镇人民政府、街道办事处防指以及村（居）防汛防台抗旱工作组、网格责任人要迅速落实人员转移等安全管控措施，并将相关管控措施落实情况及时反馈上级指挥单位，确保风险提示和管控措施闭环。

第二十八条 县级以上人民政府防汛防台抗旱指挥机构应当建立健全洪涝、台风、干旱等自然灾害预警机制，加强对小流域山洪、地质灾害等风险区域的定点定向预警。

预警解除后，县（市、区）人民政府防汛防台抗旱指挥机构应当及时将预警解除信息发送至乡镇人民政府、街道办事处防汛防台抗旱指挥机构以及村（居）防汛防台抗旱工作组、网格责任人。

【条文主旨】

本条对自然灾害预警机制的建立和实施作出规定。

【条文理解】

近年来，本省极端天气频发多发，特别是强对流天气具有历时短、局地性强、致灾性高、精准预报难度大等特点，极易引发小流域山洪、地质灾害等突发险情灾情，造成人员伤亡。目前，基于灾害风险区域的靶向预警信息发送和精准提前叫应的能力仍难以满足防御要求，预警信息特别是实况通报还未能及时、精准到村到户到人。为了提高预报的准确性和实时性，本条从以下两个方面对自然灾害预警机制的建立和实施作出规定。

一、自然灾害预警机制的建立

根据本条第一款规定，县级以上人民政府防指应当建立健全洪涝、台风、干旱等自然灾害预警机制，加强对小流域山洪、地质灾害等风险区域的定点定向预警。具体来说，建设部门（排水主管部门）承担城市内涝预警职责，水利部门承担小流域山洪、平原河网水位和水利工程预警职责，气象部门承担气象灾害预报预警职责，自然资源部门承担地质灾害预警职责。这样，通过提升对城市内涝、小流域山洪、地质灾害等风险区域的定点定向预警能力，进一步强化气象、地质灾害、小流域山洪预警与应急响应联动，为广大人民群众防避重大灾害赢得时间。

二、自然灾害预警的解除

自然灾害预警解除后，自然灾害预警发布部门应当及时将解除信息报县（市、区）人民政府防指。乡镇人民政府、街道办事处防指以及村（居）防汛防台抗旱工作组、网格责任人收到解除信息后，视情况结束应急状态。

第二十九条 县级以上人民政府防汛防台抗旱指挥机构应当按照国家和省有关规定，建立健全防汛防台抗旱监测预报预警和灾情、险情等信息的报送和统一发布制度。

应急响应期间，县（市、区）人民政府有关部门需要乡镇人民政府、街道办事处报送相关信息的，应当将相关需求报送本级人民政府防汛防台抗旱指挥机构的办事机构，由其统一要求乡镇人民政府、街道办事处报送。

任何单位和个人不得擅自发布防汛防台抗旱信息，不得编造或者故意传播虚假灾情、险情等信息。

【条文主旨】

本条对防汛防台抗旱监测预报预警和灾情、险情等信息的报送和统一发布制度作出规定。

【条文理解】

《自然灾害救助条例》、国家防总《关于印发〈洪涝突发险情灾情报告暂行规定〉的通知》（国汛〔2020〕7 号）和《浙江省防汛防台抗旱应急预案》等国家和省有关规定对监测预报预警、灾情、险情等信息的报送、统一发布作了规定。为及时、准确、客观、权威地发布汛情、险情、旱情、灾情及防汛防台抗旱动态等信息，本条从以下三个方面进一步完善了防汛防台抗旱监测预报预警和灾情、险情等信息的报送和统一发布制度。

一、建立健全防汛防台抗旱监测预报预警和灾情、险情等信息的报送和统一发布制度

为全面及时掌握洪涝台旱灾情、险情，提高风险研制和应急能力，县级以上人民政府防指应当建立健全防汛防台抗旱监测预报预警和灾情、险情等信息的报送和统一发布制度，健全突发重大险情、灾情信息报送机制，规范监测预报预警、灾情、险情等信息的发布主体、时机、形式、级别和权限等事项。

二、明确应急响应期间防汛防台抗旱监测预报预警和灾情、险情等信息的报送方式

应急响应期间，为了解决信息重复报送的问题，减轻基层负担，让基层力量更多地投入防汛救灾实战，本条规定县（市、区）人民政府有关部门需要乡镇人民政府、街道办事处报送相关信息的，应当将相关需求报送本级人民政府防指的办事机构，由其统一要求乡镇人民政府、街道办事处报送。

三、防汛防台抗旱信息发布和传播的禁止性规定

防汛防台抗旱的防御工作需要全民参与。在灾害来临前，要尽可能让社会公众了解到灾害的实时信息，使公众可以根据这些信息采取相应的预防措施。但是，现在自媒体发达，信息传播速度快，如果有人擅自发布不实的灾情、险情信息，将会给社会公众造成不必要的恐慌，可能引起混乱，造成严重后果。因此，本条规定任何单位和个人不得擅自发布防汛防台抗旱信息，不得编造或者故意传播虚假灾情、险情等信息。突发的险情灾情，由县级以上人民政府防指按分级负责要求组织发布。

第三十条　任何单位和个人发现灾害征兆和防汛防台抗旱

工程设施险情的，应当立即向当地人民政府、有关部门和单位报告。

当地人民政府、有关部门和单位接到报告后，应当及时核实有关情况；发现问题的，应当采取必要的应急措施，将有关信息及时发送或者报告至本级人民政府防汛防台抗旱指挥机构，并向可能受影响的地区进行风险提示。

【条文主旨】

本条对灾害征兆和防汛防台抗旱工程设施险情的报告与处置制度作出规定。

【条文理解】

全社会关心支持，全民参与防汛防台抗旱工作，是防御洪涝、台风、干旱灾害的重要工作基础。及时发现山洪、地质灾害等灾害征兆和水库、堤防、水闸等防汛防台抗旱工程设施险情，并及时处置，有利于将灾害征兆、工程设施险情消灭在萌芽状态，有效阻止险情的发生和扩大。为此，本条对灾害征兆和防汛防台抗旱工程设施险情的报告与处置制度作出具体规定。

一、灾害征兆和防汛防台抗旱工程设施险情的报告

根据本条第一款的规定，任何单位和个人发现灾害征兆和防汛防台抗旱工程设施险情，应当立即向当地人民政府、有关部门和单位报告。任何单位和个人发现灾害征兆和工程设施险情后要优先向当地人民政府、有关部门和单位报告。这体现了坚持分级负责、属地管理为主的原则，主要考虑两方面因素：一是有利于征兆、险情信息的迅速报送；二是当地人民政府、有关部门和单位能够快速开展初期应急处置，从源头上防范化解重大风险，真正把问题解决在萌芽之时、成灾之前。需要强调的是，接到报告的当地人民政府、有关部门和单位应当实行首问责任制，即不论其报告的内容是否属于职责范围内处理的，均不得推诿或让报告者再向其他部门报告，而是由首先接报者负责处理，需要转其他部门处理的，由接报者负责转报，对突发重大险情可跨层级直报，直至国家防总，不得迟报、少报、瞒报。

二、灾害征兆和防汛防台抗旱工程设施险情的处置

根据本条第二款的规定，当地人民政府、有关部门和单位在接到报告后，应当做好两方面工作：一是以最快速度组织人员核实灾害征兆和工程设施险情及可能的影响范围；二是如果灾害征兆和工程设施险情确实存在，基层相关单位应当迅速采取人员转移、工程设施抢护等必要的应急措施，将有关信息及时发送或者报告至本级人民政府防指，并向可能受影响的地区发出风险提示，为群众主动避险赢得时机，争得先机。

同时，本条规定也对提升全社会防灾减灾意识和提高防汛防台抗旱的自觉性提出了要求。要做到这一点，单位和个人就要做到：

（1）有责任意识。单位和个人发现灾害征兆和工程设施险情时，要有安全防范意识，应当及时主动报告，将此当作一种责任。即使不能自行确定是否属于险情，也应当将可能的异常情况报告当地人民政府、有关部门和单位来认定。

（2）有监督意识。单位和个人向有关部门报告后，有权知道最终的处理结果。如果有关部门没有及时作出处理，其有权向上级部门反映，行使其监督权。

第三十一条 省人民政府防汛防台抗旱指挥机构可以根据需要，建立防汛防台抗旱风险管控力评价机制，发布有关风险管控力指数，并加强评价结果运用。

【条文主旨】

本条对防汛防台抗旱风险管控力评价机制作出规定。

【条文理解】

为了深入贯彻落实习近平总书记关于应急管理、防汛救灾、自然灾害防治的重要论述，省人民政府防指依托数字化改革，建立防汛防台抗旱风险管控力评价机制，发布有关风险管控力指数，对地方和有关部门防汛防台抗旱工作进行量化评价，目的是推动各地、各部门落实风险防控举措真正到位。根据不同层级和责任主体，风险管控力指数包括设区市风险管控力指数、县（市、区）风险管控力指数等。根据近几年的防汛防台实践，聚焦海上渔船和作业人员及小流域山洪、地质灾害、危旧房等高风险区域人员安全，从转移责任落实、人员转移动态等方面，省人民政府防指建立了风险管控力评价体系并持续迭代完善，动态评估各地风险管控水平，督促各地防汛责任人履职到位。

第四章 处置与救援

第三十二条 县级以上人民政府防汛防台抗旱指挥机构应当根据雨情、水情、汛情、风情、旱情等实际情况和应急预案确定的权限、程序与标准，决定启动、调整和结束洪涝、台风、干旱等自然灾害应急响应；启动或者调整应急响应，应当与上级应急响应等级相衔接，洪涝、台风、干旱等自然灾害主要影响地区的应急响应等级不得低于上级应急响应等级。

县级以上人民政府气象、水行政、自然资源等主管部门应当在洪涝、台风、干旱等自然灾害事件达到或者即将达到应急预案规定的响应标准时，及时提出应急响应建议，由本级人民政府防汛防台抗旱指挥机构决定启动或者调整应急响应等级。

【条文主旨】

本条对启动、调整和结束洪涝、台风、干旱等自然灾害应急响应的程序作出规定。

【条文理解】

一、自然灾害应急响应的启动、调整和结束程序

根据雨情、水情、汛情、风情、旱情等实际情况和应急预案确定的权限、程序与标准，决定启动、调整和结束洪涝、台风、干旱等自然灾害应急响应是县级以上人民政府防指的一项重要职责。

洪涝、台风、干旱等自然灾害应急响应按照洪涝、台风、干旱等自然灾害严重程度和影响范围分为一般（Ⅳ）、较大（Ⅲ）、重大（Ⅱ）、特别重大（Ⅰ）4级。确定应急响应级别，应该统筹考虑洪水量级、受灾范围、灾情程度，台风强度、影响范围、险情类型及危害程度，抗洪抢险的轻重缓急，等等，同时在实际操作过程中，应当根据相关部门监测预报的结果和综合分析研判确定。洪涝、台风、干旱等自然灾害应急响应启动、调整和结束的条件、时机和程序，应当在各地制定防汛防台抗旱应急预案时予以明确规定。为做好海上防台风工作，我省还特别规定了海上防台风应急响应。

同时，本条第一款要求启动或者调整应急响应，应当与上级应急响应等级相衔接，洪涝、台风、干旱等自然灾害主要影响地区的应急响应等级不得低于上级应急响应等级。这就突出了上级防指的统筹指挥和自然灾害主要影响地区应急行动的强化，同时避免了监测预报和信息报送频次不一致等问题。

二、启动、调整和结束自然灾害应急响应的建议

应急响应启动、调整和结束是否科学合理，决策是否及时正确，很大程度上取决于专业部门的监测、预报、预警水平和相应的建议。因此，当达到预案启动、调整和结束洪涝、台风、干旱等自然灾害应急响应的标准时，县级以上人民政府气象、水行政、自然资源等主管部门应当根据雨情、水情、汛情、风情、旱情等实际情况和应急预案确定的权限、程序与标准，向本级人民政府防指提出应急响应启动、调整、结束等建议，由本级人民政府防指决定。

第三十三条 有下列情形之一的，县级以上人民政府防汛防台抗旱指挥机构可以宣布进入紧急防汛期，并同步向上一级人民政府防汛防台抗旱指挥机构报告：

（一）江河干流、湖泊的水情超过保证水位或者河道安全流量的；

（二）大中型水库水位超过设计洪水位的；

（三）防洪工程设施发生重大险情的；

（四）台风即将登陆并将产生严重影响的；

（五）沿海潮位超过当地海堤设计水位的；

（六）有其他严重影响生命、财产安全需要宣布进入紧急防汛期情形的。

【条文主旨】

本条对宣布进入紧急防汛期的主体和情形作出规定。

【条文理解】

根据《中华人民共和国防汛条例》第二十三条的规定，紧急防汛期，指当发生重大洪涝灾害、防洪工程出险、台风即将登陆或其他严重影响本省人民生命财产安全等情形时，县级以上人民政府防指宣布的特定时期。设定紧急防汛期的目的是授予政府机构和各级部门采取非常应急措施的权力，确保防汛防台工作的顺利进行。

本条规定了宣布进入紧急防汛期的主体和情形，具体内容如下。

一、宣布进入紧急防汛期的主体

本条明确了宣布进入紧急防汛期的主体是县级以上人民政府防指。根据本省防汛工作特点和多年防汛防台工作的实践，市、县级人民政府防指处于防汛防台工作的地方枢纽位置，对灾情、险情以及将要采取的措施更为清楚，更能把握时机。一般而言，紧急防汛期和汛期相比，具有区域性和短时性的特点。区域性主要是指实行紧急防汛期的区域为某一特定的地区；短时性指实行紧急防汛期时间较短，一旦灾情、险情等特定事实过去，即可宣布终止紧急防汛期。

二、宣布进入紧急防汛期的情形

宣布进入紧急防汛期的情形，其本质是宣布进入紧急防汛期的条件。本条之所以规定宣布进入紧急防汛期的情形，是因为紧急防汛期事关防汛防台的成败和社会的稳定，应当准确、及时地决策，既不能轻易宣布，以免造成不必要的恐慌，也不能疏忽大意，过于自信而延误宣布紧急防汛期的时机，造成重大灾害损失。本条所规定的情形是各级防指宣布进入紧急防汛期的重要依据，在具体实施过程中须正确理解与把握。

（一）江河干流、湖泊的水情超过保证水位或者河道安全流量的

江河干流、湖泊的保证水位，又称危急水位，它高于警戒水位，低于堤防设计最高水位，是根据江河堤防情况设定的防汛安全上限水位。保证水位根据江河干流、湖泊曾经出现的最高水位及堤防所能防御的设计洪水位和堤防安全状况，考虑上下游、干支流、左右岸关系及保护区的重要性，进行综合分析、统筹考虑后拟定，并经上级主管机关批准确定。河道的安全流量，是指河道处于保证水位时洪水能顺利安全地通过河段，而

不致洪水漫溢或造成危害，不需要采取分蓄洪措施的最大流量。根据《中华人民共和国防洪法》的规定，江河、湖泊水位一旦超过保证水位，防指将动员全社会力量抗洪抢险，加高加固堤防，必要时还须采取分洪、滞洪等非常措施。所以当江河干流、湖泊水位超过保证水位或超过河道安全流量时，江河干流、湖泊沿岸堤防内保护区已处于危险状态，此时应当由县级以上人民政府防指宣布进入紧急防汛期。这里需说明的是，江河干流、湖泊水位超过保证水位的情形是指多个测站同时超过，而不是个别测站超过保证水位，且持续时间较长、出险风险高。

（二）大中型水库水位超过设计洪水位的

大中型水库是指总库容不小于 1000 万立方米的水库。水库的设计洪水位是指水库工程在设计时，按设计和校核 2 种频率的洪水进行设计，以确定其相应库容和运行调度方案。按我国现行标准，总库容大于 10 亿立方米的大（1）型水库的设计防洪标准为 500—1000 年一遇洪水；总库容在 1 亿—10 亿立方米的大（2）型水库的设计防洪标准为 100—500 年一遇洪水；总库容在 0.1 亿—1 亿立方米的中型水库设计洪水位为 50—100 年一遇洪水。水库的设计洪水位就是水库设计时按设计洪水标准，如 50 年一遇洪水或 100 年一遇洪水标准计算的水库水位，它高于汛限水位和正常蓄水位，但低于校核洪水位。大中型水库水位一旦超过设计洪水位，一方面水库原有的隐患可能会逐一暴露，另一方面水库长期超过设计洪水位运行，极易发生如溢洪道遭受冲刷破坏，大坝产生渗漏、管涌等新的险情隐患，影响水库安全，严重的甚至造成垮坝，因此需要采取紧急应对措施，此时县级以上人民政府防指就可以宣布进入紧急防汛期。

（三）防洪工程设施发生重大险情的

防洪工程设施承担着防汛抗旱重任。一旦发生重大险情，如水库大坝出现严重渗漏、滑坡、较大裂缝、塌陷，溢洪道被塌方堵塞，放水闸门无法启闭，重要江堤、海堤、城市工程出现管涌、滑坡、决口，重点排涝涵闸出现严重开裂，闸门无法开启等，都会对人民生命财产安全构成威胁。针对这类重大险情，县级以上防指应当根据水情、雨情和工程设施险情，果断决策，宣布进入紧急防汛期。

（四）台风即将登陆并将产生严重影响的

台风（指近中心最大风力 12 级及以上的热带气旋）一旦在本地区登陆，狂风、暴雨和台风暴潮将引发风灾和洪涝灾害并伴发山洪、泥石流、滑坡、塌方、城市内涝等灾害，对当地人民群众的生活、生产造成严重的影响。此时，根据气象部门的预报，台风可能登陆地区的县级以上防指可以宣布进入紧急防汛期。

（五）沿海潮位超过当地海堤设计水位的

浙江省东临东海，易受风暴潮影响，如“9711”台风对本省沿海造成巨大灾害损失。海堤是为了防御风暴潮对防护区的危害而修筑的堤防工程，有的地方称为海塘、防潮堤，修建于河流出口处的堤防，处于陆地与海洋交接的沿海地带。与河堤相比，海堤受涨潮和落潮的影响较大，受到风浪破坏更大。风暴潮的危害程度主要反映在潮位上，尤其是当台风侵袭时，近岸浪高可达 4—5 米；当风浪过大，潮位超过当地海堤设计水位时，强烈的海浪冲击可能造成堤顶越浪、海水漫溢和海堤损坏，对人民生命财产构成严重威胁。针对这类重大险情和风暴潮情况，县级以上人民政府防指可以宣布进入紧急防汛期。

（六）其他严重影响人民生命和财产安全的情形

上述5项以列举的方式规定了宣布进入紧急防汛期的情形，但实际上还无法穷尽，如有的台风虽然不在本省登陆，但由于其风力大、速度快、范围广，仍有可能对本省造成重大影响，这时仍有必要宣布进入紧急防汛期。考虑到法规制定的严谨性，本条例明确了有其他严重影响人民生命和财产安全的情形，也可以宣布进入紧急防汛期。

第三十四条 在紧急防汛期，有关部门和单位根据受灾害影响的程度和应急预案，可以依法采取停止户外集体活动、停课、停工、停业、停运等必要措施，确保人员安全。

【条文主旨】

本条对紧急防汛期的“五停”等紧急防范措施作出规定。

【条文理解】

在紧急防汛期，受暴雨、台风、洪涝等的严重影响，各种洪涝台灾害及其衍生灾害随时可能发生；此时，停止人员外出活动，是避免人员伤亡的有效手段，有利于维护人民群众生命财产安全和社会稳定。为此，本条对人员在紧急防汛期的外出活动从源头上作出了限制性规定。一旦县级以上人民政府防指宣布进入紧急防汛期，有关部门和单位要切实负起责任，及时采取停止户外集体活动、停课、停工、停业、停运等必要措施，全力确保人员安全，尽可能地把灾害影响降到最小。特别是在断水、断电、断网、断路、断气等极端情况下，应建立起规范化、系统化的应急联动处置机制，基层有关部门和单位应依法及时采取相关紧急措施，以确保人民群众生命财产安全和社会稳定为首要任务。

关于本条的适用，还需要注意以下问题：

1. 进入紧急防汛期之前，各部门和单位根据受灾害影响的程度和相关应急预案，也可分步有序采取以上紧急措施。

2. 一旦有关部门和单位宣布依法采取停止户外集体活动、停课、停工、停业、停运等必要措施后，社会各界应当积极配合，严格执行。

3. 有关部门要细化制定停止户外集体活动、停课、停工、停业、停运“五停”的工作方案和指引。

第三十五条 县级以上人民政府水行政主管部门应当按照管理权限，组织实施水工程防洪调度和应急水量调度。调度的具体权限和范围由省水行政主管部门规定。

【条文主旨】

本条对水工程防洪调度和应急水量调度的组织实施作出规定。

【条文理解】

水工程防洪调度，是指有防洪任务的水库（含水电站）、闸（泵）站等水工程的预泄调度、超汛限水位（控制水位）调度运用及蓄滞洪区的调度运用。防洪调度管理工作包括防洪调度方案制定、防洪调度运用和调度效果评价。应急水量调度，是指针对可能发生的干旱缺水、咸潮影响等危及流域（区域）供水或生态安全的情况，需要启动的水量调度。

规范水工程防洪调度和应急水量调度是保障防洪安全、抗旱保供水安全的重要措施。根据本条规定，一方面，县级以上人民政府水行政主管部门应当按照管理权限，组织实施水工程防洪调度和应急水量调度。另一方面，水工程防洪调度和应急水量调度的具体权限和范围由省水行政主管部门规定。2021 年 12 月 15 日，省水利厅印发了《浙江省水工程防洪调度和应急水量调度管理办法（试行）》（浙水灾防〔2021〕25 号），对水工程的防洪调度和应急水量调度适用范围、调度原则、调度依据、调度权限、调度决策机制、调度指令下达、调度执行与反馈、调度监管、预泄调度、高水位及蓄放水预警、调度人员要求、培训演练等 10 余个方面进行了规范。

第三十六条 防汛防台应急响应期间，受洪涝、台风等自然灾害严重威胁的人员，应当按照应急预案自主分散转移，或者在所在地人民政府、村（居）民委员会的组织下集中转移。所在地乡镇人民政府、街道办事处以及村（居）民委员会、企业事业单位应当明确人员转移责任人。

需要组织集中转移的，所在地人民政府应当发布转移指令，告知灾害危害性及具体转移地点和方式，提供必要的交通工具，妥善安排被转移人员的基本生活。被转移地区的村（居）民委员会和有关单位应当协助所在地人民政府做好转移工作。

县级以上人民政府可以对经劝导仍拒绝转移的人员依法决定实施强制转移。转移指令解除前，被转移人员不得擅自返回；擅自返回经劝导仍拒绝离开的，有关部门可以依法采取措施，强制带离危险区域。

【条文主旨】

本条对防汛防台应急响应期间的人员转移制度作出规定。

【条文理解】

人员转移是减少和避免由台风、暴雨、风暴潮、洪水及其次生灾害造成的人员伤亡的最有效办法。因此，当遇到极端天气或者突发险情等紧急情况时，即使不在防汛防台应急响应期间，危险区域的村（居）民委员会和受威胁人员也应当按照应急预案立即组织转移或自行转移，无须等待上级指令，以防延误转移时机。

本条对防汛防台应急响应期间的人员转移制度作出如下规定。

一、人员转移的方式

根据本条第一款的规定，人员转移方式包括自主分散转移和集中转移，并且应当遵循分级负责、属地管理、科学合理原则。也就是说，县级以上人民政府领导本行政区域内的人员转移工作，乡镇人民政府、街道办事处具体负责实施本区域内的人员转移工作，村（居）民委员会应当协助做好人员转移工作，乡镇人民政府、街道办事处以及村（居）民委员会、企业事业单位应当明确人员转移责任人。

二、人员集中转移的运行机制

根据本条第二款的规定，需要集中转移的，由所在地乡镇人民政府（街道办事处）或上级人民政府发布转移指令，告知群众灾害的危害性以及具体转移的地点和方式，并根据实际情况，提供必要的交通工具，及时运送困难群众转移，给急需与家人联系的困难群众，提供通信便利，妥善安排好被转移群众的基本生活。被转移群众应当理解、支持政府的转移指令，事先自备必要的生活用品和食品，听从政府的统一安排；被转移地区的村（居）民委员会和有关单位应当协助政府做好困难群众的转移工作，在人力和物力方面提供帮助。

三、人员强制转移的运行机制

根据《浙江省人大常委会关于自然灾害应急避险中人员强制转移的决定》《浙江省防御洪涝台灾害人员避险转移办法》的规定，县级以上人民政府可以对经劝导仍拒绝转移的人员依法决定实施强制转移。在转移指令解除前，被转移群众不得擅自返回。这是对本省近年来因洪涝台灾害造成人员伤亡的教训的总结。

2016年9月28日17时28分，丽水市遂昌县北界镇苏村自然村发生一起山体滑坡，导致76户226人受灾，49幢房屋被埋（倒塌），26人死亡，2人失踪。这起灾难中的一个教训就是“远离危险又再陷危险”。在灾害来临前，镇村干部已经采取措施将处于滑坡风险区的群众转移至避灾场所。由于未严格实施管理，部分村民返回家中，而此时危险尚未解除，镇村干部当即组成4个劝导小组，并请北界派出所5位民警支援，挨家挨户、苦口婆心做工作，共转移群众56人，但仍然有一些村民以种种理由不肯转移，最终导致重大人员伤亡，特别是乡镇干部周根生深入破崩村劝说村民返回避灾场所，也不幸罹难，因公殉职。因此，本条例明确规定转移指令未解除前，被转移人员不得擅自返回，否则有关部门可以依法将其强制带离危险区域。针对有的被转移群众回家心切这一情况，组织转移的政府及有关部门应当做好被转移群众的思想工作，稳定被转移群众的情绪。

第三十七条 防汛防台应急响应期间，县级以上人民政府公安、交通运输、海事等主管部门以及乡镇人民政府、街道办事处应当按照职责分工，加强对山区道路、积水道路、易塌方路段、涵洞和水上的交通管理，必要时可以依法采取陆地和水上交通管制措施。

根据预报信息可能受灾害性风浪影响范围内的海上渔船，应当按照渔业主管部门的指令，在指定时间内转移至相对安全的水域或者进入适合防避台风的渔港和避风锚地，并服从当地安全管理；海上预警解除前，在港渔船不得擅自出海，海上渔船不得进入预警海域。

【条文主旨】

本条对防汛防台应急响应期间水陆交通管制和海上渔船避风管理工作要求作出规定。

【条文理解】

在强降雨或台风期间，受到暴雨、洪水、内涝、大风等的影响，山区道路易发生塌方、滑坡、冲毁；下沉式隧道、涵洞和地铁，以及其他地势低洼地区易积水受淹；大风大浪容易引发江上海上船只倾覆。采取交通管制是应对突发洪涝台灾害的重要措施，可以切实减少人员伤亡、减轻灾害损失、防止次生灾害发生和维持正常生产生活秩序。因此，本条对防汛防台应急响应期间水陆交通管制和海上渔船避风管理工作提出要求，具体包括以下内容。

一、防汛防台应急响应期间的水陆交通管制

防汛防台应急响应期间，县级以上人民政府公安、交通运输、海事等主管部门以及乡镇人民政府、街道办事处应当加强信息互通和工作联动，按照职责分工，协同做好山区道路、积水道路、易塌方路段、涵洞和水上的交通管理，必要时可以依法采取陆地和水上交通管制措施。陆地交通管制方式有疏导、限制通行、禁止通行等。水上交通管制方式有限航、封航、禁止船舶进出等。

二、防汛防台应急响应期间的海上渔船避风管理

在防台实践中，海上渔船不及时回港避风易出险，一旦出险救援难度大，容易造成群死群伤。根据预报信息，可能受灾害性风浪影响范围内的海上渔船，应当按照渔业主管部门的指令，在指定时间内转移至相对安全的水域，或者进入适合防避台风的渔港和避风锚地，以免发生意外。为了保证台风期间渔船有序回港避风，海上作业渔船应当服从当地的安全管理。渔业主管部门应当做好渔船的停放区域、进港次序、渔船人员转移、防撞措施等安全管理工作。海上预警解除前，海上风浪仍然大，船只出海风险很高，此时应当继续加强渔船管控，在港渔船不得擅自出海，海上渔船不得进入预警海域。

需要强调的是，凡是本省从事渔业捕捞、运输、工程施工和其他作业的船只，无论其当时是否在本省行政区域内，都应当服从船籍所在地政府的统一指挥，同时也要服从船舶作业地政府的统一指挥，做好防台避险工作。外省船舶在台风影响时期来本省避险的，也应当遵循本条例的规定。

第三十八条 发生严重危及城乡居民生活生产用水安全的特大干旱灾害时，应当优先保障城乡居民生活用水。县级以上人民政府可以依法决定采取下列抗旱措施：

（一）核减用水计划；

（二）实行定时、定点、限量或者分段、分片集中供水；

（三）实施跨流域应急调水；

（四）在保证水工程设施安全的前提下，适量取用水库死库容水量；

（五）法律、法规规定的其他抗旱措施。

【条文主旨】

本条对特大干旱灾害发生时城乡居民生活用水的优先保障原则和县级以上人民政府可以采取的应急抗旱措施作出规定。

【条文理解】

干旱灾害具有影响地域范围广、时间长、灾情日渐加重等特征。特大干旱灾害发生时，水库、河网等供水水源地蓄水量大为减少，水质恶化，可供水量大量削减，供水形势日趋严峻，容易发生取用水方面的水事纠纷。为保障城乡居民基本生活用水，将干旱灾害造成的损失降到最少，本条明确了优先保障城乡居民生活用水的原则，规定了县级以上人民政府可以采取的应急抗旱措施。

一、优先保障城乡居民生活用水原则

优先保障城乡居民生活用水原则是解决用水纠纷的基本原则。该原则的确立，是牢固树立以人民为中心的发展理念的必然要求。

根据优先保障城乡居民生活用水原则的要求，在供水量无法满足城乡居民生活用水、生产用水和生态用水的需要时，要把保障城乡居民生活用水放在第一位。只有在保障城乡居民生活用水的前提下，才可以考虑满足生产用水、生态用水需求。

二、应急抗旱措施

根据本条规定，县级以上人民政府可以依法决定采取下列抗旱措施：

（一）核减用水计划

在特大干旱期间，核减工农业用水大户的用水计划，采取节约用水措施，系统化地减少工业、农业等的用水量，合理安排生产，是缓解用水矛盾、维护社会稳定的重要手段。被核减的相关用户应当顾全大局，自觉执行相关规定，克服困难，保障城乡居民生活用水。

（二）实行定时、定点、限量或者分段、分片集中供水

特大干旱时期，在供水严重不足的情况下，原有供水能力将会受到限制，难以正常供水，此时政府只能实施定时、定点、分段、分片集中供水，以维持居民的基本生活用水。广大居民应当树立抗大旱、抗长旱的思想，自觉按照政府供水要求，做

好储水计划，节约用水。供水单位应当提前在媒体、社区公告等明显位置张贴公布供水计划，以便广大居民提前做好准备。

（三）实施跨流域应急调水

本省干旱缺水区域性明显，各区域间受旱情况不一时，可由上级组织跨区域调水，或经双方协商达成一致后，实施跨行政区域甚至跨流域引水，以缓解旱情。

（四）在保证水工程设施安全的前提下，适量取用水库死库容水量

死库容，指水库死水位以下的库容。死库容一般用于容纳水库淤沙，抬高坝前水位和库区水深，并保证水库设施设备安全，在正常运用中不调节径流，也不放空。但是，在特大干旱的情况下，可视情动用部分死库容供水，只是要明确动用死库容的量级和最大限度，以及水库非正常供水情况下的水质监测和需采取的工程保护措施。

（五）法律、法规规定的其他抗旱措施

除以上应急供水或限水措施外，县级以上人民政府可以根据实际情况，采取加大海水淡化力度、中水回用、启用地下水应急水源等其他应急供水或限水等抗旱措施。

第三十九条　县级以上人民政府应当建立健全多部门协调、跨区域联动的应急救援机制。

负有防汛防台抗旱职责的部门应当按照职责分工，做好本领域防汛防台抗旱抢险救援工作，先行处置，组织和指导开展抢险救援。

洪涝、台风、干旱等自然灾害发生后，乡镇人民政府、街

道办事处和村（居）民委员会应当立即先行组织抢险救援；必要时，应急管理、水行政、自然资源、住房城乡建设、农业农村、交通运输等主管部门应当派出专业应急救援队伍或者专业技术人员，提供救援力量支持和技术指导。

应急响应期间，电力、通信等单位应当做好防汛防台抗旱用电、通信等方面应急保障。

【条文主旨】

本条对防汛防台抗旱应急救援机制作出规定。

【条文理解】

“预防为主、防抗救相结合”是防汛防台抗旱工作的基本原则。应急救援是减轻洪涝、台风、干旱等自然灾害危害的重要环节。本条规定了防汛防台抗旱应急救援的工作运行机制，确立了“政府统一领导、部门分工负责、基层先行处置、专业指导支撑”的多部门协调、跨区域联动的工作格局。具体内容如下。

一、建立健全多部门协调、跨区域联动的应急救援机制

“一方有难、八方支援”是社会主义制度优越性的充分体现，也是应对地震、台风、洪涝、事故等灾难的经验总结。建立健全多部门协调、跨区域联动的应急救援机制，能够快速调集周边地区应急资源，在最短时间内处置灾情，最大限度减少影响和损失。多部门协调、跨区域联动的应急救援机制的具体内容，可以在编制预案或应急处置方案时作出规定，也可以通过专门制定文件、签订协议的形式予以明确。多部门协调、跨区域联动的应急救援机制不能只停留在纸面上，还需要通过演练、实战强化部门联动。

二、负有防汛防台抗旱职责的部门各司其职

“负有防汛防台抗旱职责的部门应当按照职责分工，做好本领域防汛防台抗旱抢险救援工作”，主要指应急管理、水利、自然资源、农业农村、建设等部门要按照各自职责做好会商研判、统筹调度、工程抢险、地质灾害、渔船管理、城市内涝等抢险救援工作。同时，负有防汛防台抗旱职责的部门还应当先行处置、组织和指导乡镇人民政府、街道办事处和村（居）民委员会开展抢险救援。

三、基层先行处置与专业指导支撑相协同

洪涝、台风、干旱等自然灾害发生后，乡镇人民政府、街道办事处和村（居）民委员会要立即先行组织抢险救援，积极开展自救，自救的主要任务是组织人员转移、修复损毁道路、保障供电供水、发放救灾物资等。必要时，应急管理、水行政、自然资源、住房城乡建设、农业农村、交通运输等主管部门应当派出专业应急救援队伍或者专业技术人员，提供救援力量支持和技术指导。

四、防汛防台抗旱用电、通信等应急保障

防汛防台抗旱工作的应急处置与救援，往往在断电、断通信的极端情况下开展。因此，本条要求电力、通信等单位做好防汛防台抗旱用电、通信等方面的应急保障工作。

第四十条　县级以上人民政府防汛防台抗旱指挥机构应当根据灾害发展趋势，统筹调度综合性消防救援、专业应急救援、

社会应急救援等力量，并根据需要在高风险区域提前部署应急救援力量、装备、物资等应急资源。

灾害发生地人民政府防汛防台抗旱指挥机构可以向上级人民政府防汛防台抗旱指挥机构提出支援请求；上级人民政府防汛防台抗旱指挥机构应当根据支援请求情况或者事态严重程度，统筹调度应急救援力量、装备、物资等应急资源，支援抢险救援工作。

【条文主旨】

本条对应急资源包括救援力量、装备、物资等的统筹调度作出规定。

【条文理解】

一、应急救援力量的统筹调度与应急资源的提前部署

根据本条第一款规定，县级以上人民政府防指可统筹调度综合性消防救援、专业应急救援、社会应急救援等力量参与抢险救援。其中：综合性消防救援队伍是国家应急救援主力军，机构改革后，其职能由以灭火为主转变为综合性、全灾种应急救援，也配备了大量防汛防台抗旱设备，灾害救援能力日益突显；防汛防台专业队伍、地质灾害专业队伍因其技术力量强大、装备配备精良、工程队伍较多而成为抢险救援的重要支撑；社会应急力量因其人员众多、组织灵活、专长突出而在抢险救援中发挥了重要作用。

同时，由于台汛影响期间，道路通行易受阻，网络通信易中断，可能造成灾区情况不明，救援力量和物资装备难以及时到达。为打好主动仗，本条第一款规定可根据需要在高风险区域提前部署应急救援力量、装备、物资等应急资源，保障抢险救援工作全力开展。

二、应急救援的支援请求与处理

灾害发生后，如果灾情重、持续时间长，往往会超出当地的应急处置能力。此时，灾害发生地人民政府防指可以向上级人民政府防指提出队伍、物资、装备、专家等方面的支援请求。上级人民政府防指接到支援请求后，视情统筹调度应急资源予以支援。需要注意的是，市级接到县级的支援请求之后，应当优先在本市范围内调度应急资源；在本市资源不足时，可以向省级提出支援请求，但不是将下级的支援请求统统转到省级。

第四十一条 根据重大洪涝、台风、干旱等自然灾害处置需要，县级以上人民政府防汛防台抗旱指挥机构可以设立应急救援现场指挥部。应急救援现场指挥部实行总指挥负责制。

应急救援现场指挥部负责组织制定和实施应急救援处置方案，统筹调度应急救援力量，协调有关部门和单位提供交通、通信、后勤等保障。

【条文主旨】

本条对应急救援现场指挥部的设立、责任制和职责作出规定。

【条文理解】

洪涝、台风、干旱等自然灾害影响期间，易发生山体滑坡、小流域山洪、城市内涝等灾情，严重时会造成交通、电力、通信中断，人员被困。为有效应对突发灾情，县级以上人民政府防指可以根据灾情设立应急救援现场指挥部，行使统一指挥职责，第一时间集中力量开展救援活动，切实提高组织协调能力和现场救援时效。

本条对自然灾害应急救援现场指挥部的设立、责任制和职责作出规定。

一、自然灾害应急救援现场指挥部的设立和责任制

自然灾害应急救援现场指挥部由县级以上人民政府防指设立，但不是必须设立。原则上，灾情严重、影响面广、人员伤亡或受困人员较多、险情紧急等情形下，需要设立现场指挥部。

同时，自然灾害应急救援现场指挥部实行总指挥负责制。总指挥一般由政府主要领导、分管领导或获得政府授权的部门负责人担任。

二、自然灾害应急救援现场指挥部的职责

自然灾害应急救援现场指挥部主要具有3项职责：一是组织制定和实施应急救援处置方案；二是统筹调度应急救援力量；三是协调有关部门和单位提供交通、通信、后勤等保障。

第四十二条 应急响应期间，执行防汛防台抗旱抢险救援紧急任务的车辆实行优先通行，并按照国家有关规定免交车辆通行费用。具体办法由省应急管理部门会同省公安、交通运输等主管部门制定，经省人民政府批准后实施。

【条文主旨】

本条对执行防汛防台抗旱抢险救援紧急任务的车辆的快速通行保障作出规定。

【条文理解】

机构改革以来，应急管理体系发生了重大变革，“大安全、大应急、大减灾”的格局正在形成，应急管理基础性工作正在不断推进，但抢险救援力量在应急状态下快速通行仍缺乏充分的制度保障。根据法律法规，军车、警车、消防车等车辆实行了优先通行、免费通行，而大量的专业救援队伍和社会应急车辆在灾害事故应对过程中，优先通行、免费通行没有相关政策依据。此外，缺乏有效手段及时将通行信息传达到灾害事故现场管制区域卡口，造成核验信息时间过长，不能实现进入灾害事故现场快速通行。为此，各方强烈呼吁建立完善抢险救援力量快速通行协同保障联动机制。

本条回应社会关切，对执行防汛防台抗旱抢险救援紧急任务的车辆的快速通行保障作出规定。

一方面，应急响应期间，执行防汛防台抗旱抢险救援紧急任务的车辆实行优先通行，并按照国家有关规定免交车辆通行费用。

另一方面，执行防汛防台抗旱抢险救援紧急任务的车辆的快速通行保障之具体办法由省应急管理部门会同省公安、交通运输等主管部门制定，并经省人民政府批准后实施。根据本条的授权，经省人民政府同意，2021年9月，省应急管理厅、省公安厅、省交通运输厅联合印发了《关于做好抢险救援力量快速通行协同保障联动工作的通知》。通知明确规定，抢险救援力量可凭“浙江安全码”有序参与应急救援，优先通行拥堵路段、免费通行收费公路、快速进入管制区域。目前，抢险救援力量快速通行机制已经建立，在应对2021年台风“灿都”的过程中投入应用，发挥了重要作用。

第四十三条 广播、电视、报刊、互联网站等新闻媒体应当及时刊登、播报、发送防汛防台抗旱预警信息和防御指引，开展防汛防台抗旱知识公益宣传，增强公众防灾避险意识；应急响应期间，应当及时增播、插播或者刊登当地人民政府防汛防台抗旱指挥机构提供的有关信息，并提高传播频次。

【条文主旨】

本条对新闻媒体在防汛防台抗旱中的职责作出规定。

【条文理解】

防汛防台抗旱工作关系千家万户，与人民群众切身生命财产安全息息相关。广播、电视、报刊、互联网站等新闻媒体要结合各自工作特点，及时刊登、播报、发送防汛防台抗旱预警信息和防御指引。同时，各类新闻媒体要充分发挥自身优势，大力开展防汛防台抗旱政策、法律法规及群众自救互救知识的公益宣传，在全社会形成防灾救灾的浓厚氛围。

应急响应时期，是防汛防台抗旱工作的关键时期。各新闻媒体单位要按照当地人民政府防指的要求，利用广播、电视、互联网、自媒体、农村应急广播、应急短信平台等多种载体或渠道，及时向公众播报发布防汛防台抗旱信息，并根据防汛防台抗旱形势需要，加密有关信息传播频次。在预报台风即将登陆或者即将严重影响本省时，应滚动播报有关信息，直至汛情解除。城乡居民和海上渔民可通过多种载体和渠道获知相关信息和政府的有关决策，以便及时采取防御措施，减少人员伤亡和财产损失。

第四十四条 有关人民政府应当加强应急救援省际协调联动，推动建立与长三角地区和其他周边省份的应急救援协同体系和突发险情应急处置联动机制。

【条文主旨】

本条对应急救援省际协同体系和突发险情应急处置联动机制作出规定。

【条文理解】

通过建立与长三角地区和福建、江西等周边省份的应急救援协同体系和突发险情应急处置联动机制，加强省际应急救援协调联动，能够优化应急资源配置，提高应急效率，协同应对跨区域防汛防台抗旱突发事件，充分保障人民群众生命和财产安全，最大限度减少灾害损失。为此，本条规定有关人民政府应当加强应急救援省际协调联动，推动建立与长三角地区和其他周边省份的应急救援协同体系和突发险情应急处置联动机制。

应急救援省际协同体系和突发险情应急处置联动机制主要

包括如下内容：

一、建立信息、资源共享共用机制

通过建立防汛防台信息共享机制，打通上海、浙江、江苏、安徽、福建、江西等省（市）的防汛防台信息平台，及时推送本行政区域内防汛防台各类信息，包括水情、雨情、工情、灾情以及较大以上灾害事故信息等。同时，加强区域内抢险救援物资、队伍、专家、避灾场所等区域资源共享，建立健全应急救援力量支援调度以及应急物资共用共享机制。鼓励市县建立与相邻省、市的市县联系沟通机制。

二、及时通报突发事件

对于本省（市）发生的、涉及其他省（市）的防汛防台抗旱突发事件，及时向相关方通报情况。相关方接到通报信息后，应第一时间通知相关部门，迅速建立联络通道。

三、开展应急联合会商

根据防汛防台抗旱工作需要，或有重要工作需要协调和沟通时，可由事发地省（市）召集，相关省（市）参加，通过电话会商、视频会商等形式，通报突发事件动态信息，共同研究应对处置方案。

四、积极响应应急联动

防汛防台抗旱突发事件发生后，事发地省（市）及时研究制订处置方案，负责具体组织实施。协作省（市）按照事发地省（市）的工作建议或支援请求，及时组织派出工作组、应急救援力量、应急专家，调配应急物资装备，积极参与突发事件处置工作，力求沟通顺畅、响应快速、处置高效。按照属地为主的原则，由事发地省（市）统筹协调各类力量和资源开展应急处置工作。

第五章　灾后恢复

第四十五条　县级以上人民政府应急管理部门应当组织全面评估和统计灾害损失、影响情况，并依法向社会公布。

【条文主旨】

本条对洪涝、台风、干旱等自然灾害情况的评估、统计和发布作出规定。

【条文理解】

做好灾情的评估、统计和发布工作是灾害防范、救援救灾以及灾后重建等工作的基础，灾情是各级领导精准决策的依据。开展自然灾害情况统计报送工作，必须按照《中华人民共和国统计法》的规定提供统计资料，不得虚报、瞒报、漏报、迟报，不得伪造和篡改。2020 年 3 月，为及时准确、客观全面反映自然灾害和救援救灾工作情况，经国家统计局同意，应急管理部印发《自然灾害情况统计调查制度》和《特别重大自然灾害损失统计调查制度》(应急〔2020〕19 号)。

本条对自然灾害情况的评估、统计和公布作出原则性规定，主要包括以下内容：

一、组织实施和公布的主体

自然灾害情况的评估、统计由县级以上人民政府应急管理部门组织、协调和管理，相关涉灾部门（行业）须按照职责提供本部门（行业）的灾情及其他相关数据，并接受同级政府统计机构的业务指导。原则上，各涉灾部门（行业）应当使用国家自然灾害灾情管理系统报送灾情。最终，自然灾害情况统计结果由应急管理部门统一向社会公布。

二、评估和统计的内容

评估和统计的内容是灾害损失、影响情况，具体包括灾害发生时间、灾害种类、受灾范围、灾害造成的损失以及救灾工作开展情况等。

三、评估和统计的原则

评估和统计遵循全面原则。具体操作中要采取全面调查和非全面调查相结合的方式。在灾害发生初期，通过非全面调查了解受灾地区的总体情况；在灾害基本稳定后或重特大自然灾害应急救援期结束后，采用全面调查法对受灾地区进行逐一调查并核定统计数据。

第四十六条 受灾地区人民政府应当妥善做好灾民安置、灾后救助、卫生防疫等工作，积极救治受伤人员，保障受灾人员基本生活，帮助受灾人员恢复生产和生活。

【条文主旨】

本条对受灾人员的基本生活保障内容作出规定。

【条文理解】

保障受灾人员基本生活是坚持人民至上、生命至上理念的重要体现。自然灾害救助工作遵循以人为本、政府主导、分级管理、社会互助、灾民自救的原则，实行各级人民政府行政首长负责制。

根据本条规定，受灾地区人民政府应当向受灾人员提供生活安置、灾后救助、卫生防疫和医疗救治等服务，其目标是保障受灾人员基本生活，帮助受灾人员恢复生产和生活。具体要求如下：

1. 在灾前和应急阶段，受灾地区人民政府应当及时开放避灾安置场所，疏散、转移易受自然灾害危害的人员，并提供食品、饮用水、衣被、取暖、临时住所、医疗防疫等应急救助，保障基本生活。同时，抚慰受灾人员，处理遇难人员善后事宜。

2. 在灾害影响基本结束后，受灾地区人民政府应当在确保安全的前提下，采取就地安置与异地安置、政府安置与自行安置相结合的方式，对受灾人员进行过渡性安置，组织重建或者修缮因灾损毁的居民住房。受灾地区应急管理等部门应当向经审核确认的居民住房恢复重建补助对象发放补助资金和物资，建设等部门应当为受灾人员重建或者修缮因灾损毁的居民住房提供必要的技术支持。

3. 做好救助政策衔接。对于经应急管理部门灾害救助后基本生活仍存在困难的，受灾地区民政部门应当按照“先行救助”的有关政策直接给予临时救助；对符合条件的，按照规定及时纳入特困人员供养、最低生活保障、最低生活保障边缘家庭范围，防止因灾返贫。

第四十七条　受灾地区人民政府应当及时组织进行环境清

理，修复被损坏的水利、电力、交通、通信、市政、渔港等工程设施，恢复供电、供水、供气和通信以及主要道路通车；不能及时修复的，应当及时排除安全隐患，并限期修复。

被损坏的工程设施以及监测设施、站点需要立项建设紧急修复的，县级以上人民政府及其有关部门可以简化有关手续，并提供便利。

【条文主旨】

本条对受灾地区的环境清理与工程设施修复作出规定。

【条文理解】

灾害发生后，受灾地区人民政府应当以保障安全和改善民生为出发点和落脚点，发挥集中力量办大事的制度优势，按照以人为本、尊重自然、统筹兼顾、立足当前、着眼长远的基本要求，优先修复公共服务设施和基础设施，尽快恢复城乡居民正常的生产生活。

本条对受灾地区的环境清理和工程设施修复作出规定，具体包括如下内容。

受灾地区人民政府应当及时组织进行环境清理，修复被损坏的水利、电力、交通、通信、市政、渔港等工程设施，恢复供电、供水、供气和通信以及主要道路通车。具体来说，建设部门负责完成排涝清淤工作，牵头组织开展市政公共设施修复；卫生健康部门对被洪水淹没过的地区进行深入彻底的环境消毒；交通部门抓好交通设施的修复重建，对已临时抢通的路段，要增加管理力量管控现场秩序，设立临时警示标志诱导交通，确保通行安全；水行政部门做好各类水利设施和度汛应急工程的修复整治，保障防汛抗洪、人畜饮水和农业灌溉需要；通信、电力等部门及时修复电力设施和通信线路，确保通信畅通、供电正常。原则上，灾害发生后 1—2 天内完成环境清理恢复，3 天内全面恢复供电、供水和通信，5 天内主要道路全面恢复通车。被损坏的水利、电力、交通、通信、市政、渔港等工程设施不能及时修复的，应当及时排除安全隐患，并限期修复。

被损坏的工程设施以及监测设施、站点需要立项建设紧急修复的，县级以上人民政府及其有关部门可以简化有关手续，并提供便利。受灾地区人民政府应当根据灾害损失情况、环境和资源状况、恢复重建目标和经济社会发展需要等因素，研究制定支持灾后恢复重建的财税、金融、土地、社会保障、产业扶持等配套政策。对需要立项建设紧急修复的被损坏的工程设施以及监测设施、站点，县级以上人民政府及其有关部门可以简化审批程序，加快审批进度，提高行政效能。

第四十八条 县级以上人民政府应当建立健全洪涝、台风、干旱等自然灾害损失补偿机制。有下列情形之一的，有关人民政府应当按照规定给予相应补偿：

（一）蓄滞洪区（包括临时采取措施启用的非常蓄滞洪区）因蓄滞洪水而造成损失的；

（二）根据洪水调度指令，因水库拦洪超蓄导致库区淹没而造成损失的；

（三）因抗旱需要，调用农业用水而造成农作物减产、水产养殖损失的；

（四）按照规定调用物资、设备、交通运输工具和取土占地、砍伐林木、清除阻水障碍物、指定临时避灾安置场所，造成损失的；

（五）有其他依法应当予以补偿情形的。

【条文主旨】

本条对自然灾害损失补偿机制作出规定。

【条文理解】

自然灾害损失补偿是国家补偿的一种形式，其理论基础是“特别牺牲理论”，即对那些为了公共利益而作出特别牺牲的人，国家应当给予补偿。对为了防御洪涝、台风、干旱等自然灾害而遭受损失的公民、法人和其他组织，国家应当依法给予补偿。本质上，这是国家对在防汛防台抗旱工作中因服从大局利益而牺牲局部利益的公民、法人或者其他组织的一种经济补偿。自然灾害损失补偿的适用，需要满足以下条件：一是发生了洪涝、台风、干旱等自然灾害；二是有关行政机关积极采取了应对洪涝、台风、干旱等自然灾害的防御措施；三是防御措施使特定的公民、法人或者其他组织遭受到一定损失，即损失与行政机关的防御措施之间具有因果关系。需要特别注意的是，这里的损失不是由自然灾害造成的损失，而是由行政机关采取的防御措施造成的损失。对于由自然灾害造成的损失，国家不承担补偿责任，当事人可以依据《自然灾害救助条例》获得救助。

根据本条规定，县级以上人民政府应当建立健全洪涝、台风、干旱等自然灾害损失补偿机制。自然灾害损失补偿机制，应当包括补偿主体、补偿条件、补偿程序、补偿标准和补偿对象等要素。

根据本条规定，自然灾害损失补偿主要适用于以下 5 种情形。

一、蓄滞洪区（包括临时采取措施启用的非常蓄滞洪区）因蓄滞洪水而造成损失的情形

为了保证防洪总体安全和重点防洪目标的安全，在政府的统一调度下，将部分洪水引入蓄滞洪区（包括临时采取措施启用的非常蓄滞洪区），从而给蓄滞洪区造成经济损失的，应当由有关人民政府参照《蓄滞洪区运用补偿暂行办法》的规定，结合当地蓄滞洪区的实际情况，给予适当补偿，帮助受损失者恢复生产生活。

二、根据洪水调度指令，因水库拦洪超蓄导致库区淹没而造成损失的情形

当遇到特大暴雨，为了保护下游地区的安全，防止堤防决堤、漫堤，给人民生命财产造成更大的损失，水行政部门将下达洪水调度指令，水库拦洪超蓄，致使水库水位上涨至土地征用线以上的范围。这时，有关人民政府应当为库区土地征用线以上范围的淹没损失给予适当补偿。

三、因抗旱需要，调用农业用水而造成农作物减产、水产养殖损失的情形

在抗旱时期，因用水紧张，有时不得不调用农业灌溉水源，来维持城乡居民的基本生活用水和重要工业用水的需求。调用农业灌溉水源解决居民应急供水虽然符合《中华人民共和国水法》的有关规定，但是会影响农作物的生长和水产养殖，使农民的切身利益受损，有的甚至导致农民家庭生活困难。这时，有关人民政府应当及时给予受损农民适当的经济补偿，以维持其正常的生产生活需要。需要注意的是，这类补偿必须建立在已发生调用农业灌溉水源这一事实的基础之上。因干旱缺水直接导致农作物减产和水产养殖损失的不属于补偿范围，受损农民虽然可以申请政府给予生活救济，但是两者性质完全不同。同时，本条虽然明确了有关人民政府负责补偿，但因调用农业灌溉水源用于特定工业企业造成的损失，应当由该企业负责向受损农民补偿。

四、按照规定调用物资、设备、交通运输工具和取土占地、砍伐林木、清除阻水障碍物、指定临时避灾安置场所，造成损失的情形

在防汛防台抗旱工作中，有关人民政府防指根据防汛防台抢险工作的需要，有权采取调用物资、设备、交通运输工具，决定取土占地、砍伐林木、清除阻水障碍物，指定临时避灾场所等紧急措施。以上这些措施的采取，往往会涉及单位和个人的财产权利。根据《中华人民共和国民法典》的规定，国家、集体、个人的物权受法律保护，任何单位和个人不得侵犯。因此，各级人民政府在抢险救援过程中调用的物资、设备、交通运输工具等，在汛期结束后应当及时归还，造成损失或者无法归还的，应当按照国家有关规定给予适当补偿。政府决定取土占地、砍伐林木、清除阻水障碍物、指定临时避灾安置场所等造成损失的，也应按照实际损失给予合理补偿。

五、其他依法应当予以补偿的情形

如救援队伍调用等其他法律法规已经规定的应当予以补偿的情形，本条例不再重复规定。

第四十九条 县级以上人民政府应当推进巨灾保险体系建设，建立健全洪涝、台风、干旱等自然灾害风险多方共担机制。

鼓励易受洪涝、台风、干旱等自然灾害影响的单位和个人购买保险。对参加农业保险以及农村住房、渔船等涉农保险的单位和个人，按照规定给予补助。

县（市、区）人民政府、乡镇人民政府、街道办事处应当采取直接购买保险、提供资金补助、督促第三人落实购买保险责任等措施，为参与抢险救援的人员提供人身意外伤害保障。

【条文主旨】

本条是关于通过保险制度分担自然灾害风险的规定。

【条文理解】

洪涝、台风、干旱等自然灾害的发生虽然具有偶然性，但是一旦发生，其影响范围之广、损失程度之高，往往超出人们的预期，由此造成的损失大多超过了承受主体的承受能力。为了分担自然灾害风险，本条将保险制度引入防汛防台抗旱工作中。

本条具体包括如下内容：

一、推进巨灾保险体系建设，建立健全洪涝、台风、干旱等自然灾害风险多方共担机制

本省灾害频发、重发，灾害造成的损失大，仅仅依靠政府救助和捐赠是远远不够的。2007 年，本省开始了巨灾保险制度建设的探索，成功推出“农房保险”制度，成为我国巨灾保险制度建设的第一批实践者。2014 年 9 月，省人民政府印发《浙江省人民政府关于进一步发挥保险功能作用促进我省经济社会发展的意见》(浙政发〔2014〕36 号)，提出探索建立区域性巨灾保险制度。2021 年 1 月发布的《浙江省国民经济和社会发展第十四个五年规划和二〇三五年远景目标纲要》明确提出“推广完善巨灾保险机制，提升自然灾害特别是台风洪涝灾害的科学防控能力”。为充分发挥巨灾保险制度的优势，本条规定，县级以上人民政府应当推进巨灾保险体系建设，建立健全洪涝、台风、干旱等自然灾害风险多方共担机制。

本条所称巨灾保险，是指对超强台风、特大洪水、特大风暴潮和严重干旱等自然灾害可能造成的巨大财产损失和严重人员伤亡，通过保险制度，来分散风险。巨灾保险能够发挥商业保险公司在巨灾风险管理中的作用，推动建立以政府为主导、市场为辅助的全社会广泛参与的多层次、多支柱的保险及风险处置体系，实现多方共担风险。

二、鼓励购买保险，并对参加涉农保险的单位和个人给予补助

根据《中华人民共和国保险法》第十一条的规定，只有法律和行政法规有权规定强制性保险。本条例作为地方性法规，不能强制要求任何单位和个人购买保险。因此，本条鼓励易受洪涝、台风、干旱等自然灾害影响的单位和个人购买保险。

此处的“购买保险”，不仅仅指购买巨灾保险，还包括购买农业保险和农村住房、渔船等涉农保险，以及各类商业性财产保险、人身保险等。其中，对参加农业保险以及农村住房、渔船等涉农保险的单位和个人，考虑到农业生产经营组织和农民的经济承受能力，国家按照规定给予补助。根据《中央财政农业保险保费补贴管理办法》（财金〔2021〕130号）的规定，中央财政对投保农户、农业生产经营组织等提供补贴；对未纳入中央财政农业保险保费补贴和地方优势特色农产品保险奖补政策支持范围，但享有地方财政资金支持的农业保险业务，参照本办法执行。根据《浙江省人民政府办公厅关于加快农业保险高质量发展的实施意见》（浙政办发〔2021〕47号）的规定，我省将以习近平新时代中国特色社会主义思想为指导，聚焦打造农业农村现代化先行省，以保障农业灾后恢复生产、稳定农民收入为目标，坚持政府引导、市场运作、自主自愿、协同推进的原则，完善以政策性农业保险为基础的农业保险保障体系，形成农民群众得实惠、乡村产业有保障、财政补贴有效率、保险机构可持续的多赢格局，为全面实施乡村振兴战略、实现乡村共同富裕保驾护航。

三、为参与抢险救援的人员提供人身意外伤害保障

参与抢险救援的人员是防御洪涝台灾害、保护人民生命财产安全的骨干力量，在抢险救援过程中随时处于危险状态，极易发生伤亡。为了消除抢险救援人员的后顾之忧，巩固稳定抢险救援队伍，根据《中华人民共和国突发事件应对法》第二十七条的规定，本条明确县（市、区）人民政府、乡镇人民政府、街道办事处应当采取直接购买保险、提供资金补助、督促第三人落实购买保险责任等措施，为参与抢险救援的人员提供人身意外伤害保障。

第六章 法律责任

第五十条 违反本条例规定的行为，法律、行政法规已有法律责任规定的，从其规定。

【条文主旨】

本条对违反本条例规定之行为的法律责任的法律适用规则作出规定。

【条文理解】

根据本条规定，违反本条例规定的行为，《中华人民共和国防洪法》《中华人民共和国突发事件应对法》《中华人民共和国防汛条例》《中华人民共和国抗旱条例》《自然灾害救助条例》等有关法律、行政法规已有法律责任规定的，适用有关法律、行政法规；有关法律、行政法规没有法律责任规定的，则适用本条例。这一规定符合"上位法优于下位法"的法律适用规则。

第五十一条 有下列行为之一的，由有权机关对直接负责的主管人员和其他直接责任人员依法给予处分：

（一）应当编制防汛防台抗旱应急预案而未编制，或者未按照规定组织应急演练的；

（二）未按照防汛防台抗旱应急预案要求及时组织抢险救援

而造成损失的；

（三）拒不执行防汛防台抗旱应急预案、洪水调度方案、洪水调度指令、防汛防台抢险救援指令以及抗旱应急措施的；

（四）未及时处理或者整改在防汛防台抗旱检查中发现的问题的；

（五）截留、挪用、移用防汛防台抗旱资金和物资的；

（六）在防汛防台抗旱抢险救援中擅离职守的；

（七）未按照规定为参与抢险救援的人员提供人身意外伤害保障的；

（八）有其他玩忽职守、滥用职权、徇私舞弊行为的。

【条文主旨】

本条对防汛防台抗旱工作中直接负责的主管人员和其他直接责任人员应当给予处分的行为作出规定。

【条文理解】

一、本条规定的违法行为

根据本条规定，防汛防台抗旱工作中相关职责履行不到位时，由有权机关对直接负责的主管人员和其他直接责任人员的下列行为进行处分：

（一）未按本条例规定编制防汛防台抗旱预案，或者未按照规定组织应急演练

根据本条例第十五条、第十七条的规定，县级以上人民政府防指、负有防汛防台抗旱职责的部门和单位、乡镇人民政府与街道办事处、村（居）民委员会、工程设施的管理单位应当

按规定编制防汛防台抗旱预案，或者组织应急演练。未履行前述义务的，由有权机关对直接负责的主管人员和其他直接责任人员给予处分。

（二）未按照防汛防台抗旱应急预案要求及时组织抢险救援而造成损失

根据本条例第三十九条至第四十一条的规定，县级以上人民政府防指、负有防汛防台抗旱职责的部门、乡镇人民政府、街道办事处、村（居）民委员会，以及应急管理、水行政、自然资源、住房城乡建设、农业农村、交通运输等主管部门应当按照防汛防台抗旱应急预案要求及时组织抢险救援。未履行前述义务，并且造成损失的，由有权机关对直接负责的主管人员和其他直接责任人员给予处分。

（三）拒不执行防汛防台抗旱应急预案、洪水调度方案、洪水调度指令、防汛防台抢险救援指令以及抗旱应急措施

防汛防台抗旱应急预案是防御洪涝、台风、干旱灾害的总体部署，洪水调度方案是实施防洪控制性工程调度运用的基本依据，洪水调度指令是防洪控制的紧急部署举措，防汛防台抢险救援指令是抢险救援的具体部署，抗旱应急措施是对抗旱期的具体安排。防汛防台抗旱应急预案、洪水调度方案、洪水调度指令、防汛防台抢险救援指令以及抗旱应急措施一经作出或一经启动，必须严格执行，否则，防汛防台抗旱工作将无法进行，直接危及人民群众生命财产安全。拒不执行防汛防台抗旱应急预案、洪水调度方案、洪水调度指令、防汛防台抢险救援指令以及抗旱应急措施的，由有权机关对直接负责的主管人员和其他直接责任人员给予处分。

（四）未及时处理或者整改在防汛防台抗旱检查中发现的问题

根据本条例第二十四条的规定，县级以上人民政府防指、负有防汛防台抗旱职责的部门和单位、乡镇人民政府和街道办事处的防指、村（居）防汛防台抗旱工作组、网格责任人、责任单位应当及时处理或者整改在防汛防台抗旱检查中发现的隐患。未履行前述义务的，由有权机关对直接负责的主管人员和其他直接责任人员给予处分。

（五）截留、挪用、移用防汛防台抗旱资金和物资

防汛防台抗旱资金和物资是防御洪涝、台风、干旱灾害，进行抢险救援，维护人民生命财产安全的物质基础。任何截留、挪用、移用防汛防台抗旱资金和物资的行为都是严重违法行为，应当追究其直接负责的主管人员和其他直接责任人员的法律责任。

（六）在防汛防台抗旱抢险救援中擅离职守

在防汛防台抗旱工作中，险情往往是紧急的、突发的，责任人的在岗履职对防汛防台抗旱抢险救援工作的顺利开展起着十分重要的作用。如果擅离职守，造成延误，可能使人民生命财产安全遭受严重损失。因此，应当追究擅离职守人员的法律责任。

（七）未按照规定为参与抢险救援的人员提供人身意外伤害保障

根据本条例第四十九条的规定，县（市、区）人民政府、乡镇人民政府、街道办事处应当采取直接购买保险、提供资金补助、督促第三人落实购买保险责任等措施，为参与抢险救援的人员提供人身意外伤害保障。未履行前述义务的，由有权机

关对直接负责的主管人员和其他直接责任人员给予处分。

（八）其他玩忽职守、滥用职权、徇私舞弊行为

本项属于兜底性规定，即对防汛防台抗旱工作中的玩忽职守、滥用职权、徇私舞弊行为实行“零容忍”，直接负责的主管人员和其他直接责任人员都要被追究法律责任。玩忽职守，指不认真对待本职工作，不履行或不正确履行法律、法规规定的职责，致使国家、集体或者公民个人利益遭受损失或可能遭受损失的行为。滥用职权，指违反法律、法规的规定行使职权，或者超越法律、法规赋予的权限行使职权，致使国家、集体或者公民个人利益遭受损失或可能遭受损失的行为。徇私舞弊，指为了一己私利，利用职权实施违法或规避法律的行为。

二、处分的实施机关与处分的类型

防汛防台抗旱工作中直接负责的主管人员和其他直接责任人员具有不同的法律身份。相应地，对其实施处分的机关及处分的类型具有多样性，需要具体情况具体分析，可能是监察机关依据《中华人民共和国监察法》《中华人民共和国公职人员政务处分法》作出的政务处分，也可能是任免机关、单位依据《中华人民共和国公务员法》《行政机关公务员处分条例》作出的行政处分。

三、处分的对象

实施本条规定的行为的，将由有权机关对“直接负责的主管人员和其他直接责任人员”给予处分。

“直接负责的主管人员”，是指对相关违法行为的实施起决定、批准、授意、指挥等作用的人员，一般是单位的法定代表人或者分管负责人；“其他直接责任人员”，是指在相关违法行为的具体实施中起较大作用的人员，特别是直接实施违法行为

的人员。

第七章　附　则

第五十二条　本条例自 2021 年 7 月 1 日起施行。

【条文主旨】

本条对本条例的施行日期作出规定。

【条文理解】

法规的施行日期，是指一部法规制定出台后从何时开始正式实施，即从何时起正式具有法律效力。根据本条规定，本条例自 2021 年 7 月 1 日起施行。按照“法不溯及既往原则”，对 2021 年 7 月 1 日前发生的防汛防台抗旱活动，一般不适用本条例。

第二部分

附　录

中华人民共和国防洪法

（1997年8月29日第八届全国人民代表大会常务委员会第二十七次会议通过　根据2009年8月27日第十一届全国人民代表大会常务委员会第十次会议《关于修改部分法律的决定》第一次修正　根据2015年4月24日第十二届全国人民代表大会常务委员会第十四次会议《关于修改〈中华人民共和国港口法〉等七部法律的决定》第二次修正　根据2016年7月2日第十二届全国人民代表大会常务委员会第二十一次会议通过的《关于修改〈中华人民共和国节约能源法〉等六部法律的决定》修改）

第一章　总　则

第一条　为了防治洪水，防御、减轻洪涝灾害，维护人民的生命和财产安全，保障社会主义现代化建设顺利进行，制定本法。

第二条　防洪工作实行全面规划、统筹兼顾、预防为主、综合治理、局部利益服从全局利益的原则。

第三条　防洪工程设施建设，应当纳入国民经济和社会发展计划。

防洪费用按照政府投入同受益者合理承担相结合的原则筹集。

第四条　开发利用和保护水资源，应当服从防洪总体安排，实行兴利与除害相结合的原则。

江河、湖泊治理以及防洪工程设施建设，应当符合流域综合规划，与流域水资源的综合开发相结合。

本法所称综合规划是指开发利用水资源和防治水害的综合规划。

第五条　防洪工作按照流域或者区域实行统一规划、分级实施和流域管理与行政区域管理相结合的制度。

第六条 任何单位和个人都有保护防洪工程设施和依法参加防汛抗洪的义务。

第七条 各级人民政府应当加强对防洪工作的统一领导，组织有关部门、单位，动员社会力量，依靠科技进步，有计划地进行江河、湖泊治理，采取措施加强防洪工程设施建设，巩固、提高防洪能力。

各级人民政府应当组织有关部门、单位，动员社会力量，做好防汛抗洪和洪涝灾害后的恢复与救济工作。

各级人民政府应当对蓄滞洪区予以扶持；蓄滞洪后，应当依照国家规定予以补偿或者救助。

第八条 国务院水行政主管部门在国务院的领导下，负责全国防洪的组织、协调、监督、指导等日常工作。国务院水行政主管部门在国家确定的重要江河、湖泊设立的流域管理机构，在所管辖的范围内行使法律、行政法规规定和国务院水行政主管部门授权的防洪协调和监督管理职责。

国务院建设行政主管部门和其他有关部门在国务院的领导下，按照各自的职责，负责有关的防洪工作。

县级以上地方人民政府水行政主管部门在本级人民政府的领导下，负责本行政区域内防洪的组织、协调、监督、指导等日常工作。县级以上地方人民政府建设行政主管部门和其他有关部门在本级人民政府的领导下，按照各自的职责，负责有关的防洪工作。

第二章 防洪规划

第九条 防洪规划是指为防治某一流域、河段或者区域的洪涝灾害而制定的总体部署，包括国家确定的重要江河、湖泊的流域防洪规划，其他江河、河段、湖泊的防洪规划以及区域防洪规划。

防洪规划应当服从所在流域、区域的综合规划；区域防洪规划应当服从所在流域的流域防洪规划。

防洪规划是江河、湖泊治理和防洪工程设施建设的基本依据。

第十条 国家确定的重要江河、湖泊的防洪规划，由国务院水行政主管部门依据该江河、湖泊的流域综合规划，会同有关部门和有关省、自治区、直辖市人民政府编制，报国务院批准。

其他江河、河段、湖泊的防洪规划或者区域防洪规划，由县级以上地方人民政府水行政主管部门分别依据流域综合规划、区域综合规划，会同有关部门和有关地区编制，报本级人民政府批准，并报上一级人民政府水行政主管部门备案；跨省、自治区、直辖市的江河、河段、湖泊的防洪规划由有关流域管理机构会同江河、河段、湖泊所在地的省、自治区、直辖市人民政府水行政主管部门、有关主管部门拟定，分别经有关省、自治区、直辖市人民政府审查提出意见后，报国务院水行政主管部门批准。

城市防洪规划，由城市人民政府组织水行政主管部门、建设行政主管部门和其他有关部门依据流域防洪规划、上一级人民政府区域防洪规划编制，按照国务院规定的审批程序批准后纳入城市总体规划。

修改防洪规划，应当报经原批准机关批准。

第十一条 编制防洪规划，应当遵循确保重点、兼顾一般，以及防汛和抗旱相结合、工程措施和非工程措施相结合的原则，充分考虑洪涝规律和上下游、左右岸的关系以及国民经济对防洪的要求，并与国土规划和土地利用总体规划相协调。

防洪规划应当确定防护对象、治理目标和任务、防洪措施和实施方案，划定洪泛区、蓄滞洪区和防洪保护区的范围，规定蓄滞洪区的使用原则。

第十二条 受风暴潮威胁的沿海地区的县级以上地方人民政府，

应当把防御风暴潮纳入本地区的防洪规划，加强海堤（海塘）、挡潮闸和沿海防护林等防御风暴潮工程体系建设，监督建筑物、构筑物的设计和施工符合防御风暴潮的需要。

第十三条 山洪可能诱发山体滑坡、崩塌和泥石流的地区以及其他山洪多发地区的县级以上地方人民政府，应当组织负责地质矿产管理工作的部门、水行政主管部门和其他有关部门对山体滑坡、崩塌和泥石流隐患进行全面调查，划定重点防治区，采取防治措施。

城市、村镇和其他居民点以及工厂、矿山、铁路和公路干线的布局，应当避开山洪威胁；已经建在受山洪威胁的地方的，应当采取防御措施。

第十四条 平原、洼地、水网圩区、山谷、盆地等易涝地区的有关地方人民政府，应当制定除涝治涝规划，组织有关部门、单位采取相应的治理措施，完善排水系统，发展耐涝农作物种类和品种，开展洪涝、干旱、盐碱综合治理。

城市人民政府应当加强对城区排涝管网、泵站的建设和管理。

第十五条 国务院水行政主管部门应当会同有关部门和省、自治区、直辖市人民政府制定长江、黄河、珠江、辽河、淮河、海河入海河口的整治规划。

在前款入海河口围海造地，应当符合河口整治规划。

第十六条 防洪规划确定的河道整治计划用地和规划建设的堤防用地范围内的土地，经土地管理部门和水行政主管部门会同有关地区核定，报经县级以上人民政府按照国务院规定的权限批准后，可以划定为规划保留区；该规划保留区范围内的土地涉及其他项目用地的，有关土地管理部门和水行政主管部门核定时，应当征求有关部门的意见。

规划保留区依照前款规定划定后，应当公告。

前款规划保留区内不得建设与防洪无关的工矿工程设施；在特殊情况下，国家工矿建设项目确需占用前款规划保留区内的土地的，应当按照国家规定的基本建设程序报请批准，并征求有关水行政主管部门的意见。

防洪规划确定的扩大或者开辟的人工排洪道用地范围内的土地，经省级以上人民政府土地管理部门和水行政主管部门会同有关部门、有关地区核定，报省级以上人民政府按照国务院规定的权限批准后，可以划定为规划保留区，适用前款规定。

第十七条 在江河、湖泊上建设防洪工程和其他水工程、水电站等，应当符合防洪规划的要求；水库应当按照防洪规划的要求留足防洪库容。

前款规定的防洪工程和其他水工程、水电站未取得有关水行政主管部门签署的符合防洪规划要求的规划同意书的，建设单位不得开工建设。

第三章 治理与防护

第十八条 防治江河洪水，应当蓄泄兼施，充分发挥河道行洪能力和水库、洼淀、湖泊调蓄洪水的功能，加强河道防护，因地制宜地采取定期清淤疏浚等措施，保持行洪畅通。

防治江河洪水，应当保护、扩大流域林草植被，涵养水源，加强流域水土保持综合治理。

第十九条 整治河道和修建控制引导河水流向、保护堤岸等工程，应当兼顾上下游、左右岸的关系，按照规划治导线实施，不得任意改变河水流向。

国家确定的重要江河的规划治导线由流域管理机构拟定，报国务院水行政主管部门批准。

其他江河、河段的规划治导线由县级以上地方人民政府水行政主管部门拟定，报本级人民政府批准；跨省、自治区、直辖市的江河、河段和省、自治区、直辖市之间的省界河道的规划治导线由有关流域管理机构组织江河、河段所在地的省、自治区、直辖市人民政府水行政主管部门拟定，经有关省、自治区、直辖市人民政府审查提出意见后，报国务院水行政主管部门批准。

第二十条 整治河道、湖泊，涉及航道的，应当兼顾航运需要，并事先征求交通主管部门的意见。整治航道，应当符合江河、湖泊防洪安全要求，并事先征求水行政主管部门的意见。

在竹木流放的河流和渔业水域整治河道的，应当兼顾竹木水运和渔业发展的需要，并事先征求林业、渔业行政主管部门的意见。在河道中流放竹木，不得影响行洪和防洪工程设施的安全。

第二十一条 河道、湖泊管理实行按水系统一管理和分级管理相结合的原则，加强防护，确保畅通。

国家确定的重要江河、湖泊的主要河段，跨省、自治区、直辖市的重要河段、湖泊，省、自治区、直辖市之间的省界河道、湖泊以及国（边）界河道、湖泊，由流域管理机构和江河、湖泊所在地的省、自治区、直辖市人民政府水行政主管部门按照国务院水行政主管部门的划定依法实施管理。其他河道、湖泊，由县级以上地方人民政府水行政主管部门按照国务院水行政主管部门或者国务院水行政主管部门授权的机构的划定依法实施管理。

有堤防的河道、湖泊，其管理范围为两岸堤防之间的水域、沙洲、滩地、行洪区和堤防及护堤地；无堤防的河道、湖泊，其管理范围为历史最高洪水位或者设计洪水位之间的水域、沙洲、滩地和行洪区。

流域管理机构直接管理的河道、湖泊管理范围，由流域管理机构会同有关县级以上地方人民政府依照前款规定界定；其他河道、湖泊管理范围，由有关县级以上地方人民政府依照前款规定界定。

第二十二条 河道、湖泊管理范围内的土地和岸线的利用，应当符合行洪、输水的要求。

禁止在河道、湖泊管理范围内建设妨碍行洪的建筑物、构筑物，倾倒垃圾、渣土，从事影响河势稳定、危害河岸堤防安全和其他妨碍河道行洪的活动。

禁止在行洪河道内种植阻碍行洪的林木和高秆作物。

在船舶航行可能危及堤岸安全的河段，应当限定航速。限定航速的标志，由交通主管部门与水行政主管部门商定后设置。

第二十三条 禁止围湖造地。已经围垦的，应当按照国家规定的防洪标准进行治理，有计划地退地还湖。

禁止围垦河道。确需围垦的，应当进行科学论证，经水行政主管部门确认不妨碍行洪、输水后，报省级以上人民政府批准。

第二十四条 对居住在行洪河道内的居民，当地人民政府应当有计划地组织外迁。

第二十五条 护堤护岸的林木，由河道、湖泊管理机构组织营造和管理。护堤护岸林木，不得任意砍伐。采伐护堤护岸林木的，应当依法办理采伐许可手续，并完成规定的更新补种任务。

第二十六条 对壅水、阻水严重的桥梁、引道、码头和其他跨河工程设施，根据防洪标准，有关水行政主管部门可以报请县级以上人民政府按照国务院规定的权限责令建设单位限期改建或者拆除。

第二十七条 建设跨河、穿河、穿堤、临河的桥梁、码头、道路、渡口、管道、缆线、取水、排水等工程设施，应当符合防洪标准、岸线规划、航运要求和其他技术要求，不得危害堤防安全、影响河势稳定、妨碍行洪畅通；其工程建设方案未经有关水行政主管部门根据前述防洪要求审查同意的，建设单位不得开工建设。

前款工程设施需要占用河道、湖泊管理范围内土地，跨越河道、湖泊空间或者穿越河床的，建设单位应当经有关水行政主管部门对该工程设施建设的位置和界限审查批准后，方可依法办理开工手续；安排施工时，应当按照水行政主管部门审查批准的位置和界限进行。

第二十八条 对于河道、湖泊管理范围内依照本法规定建设的工程设施，水行政主管部门有权依法检查；水行政主管部门检查时，被检查者应当如实提供有关的情况和资料。

前款规定的工程设施竣工验收时，应当有水行政主管部门参加。

第四章 防洪区和防洪工程设施的管理

第二十九条 防洪区是指洪水泛滥可能淹及的地区，分为洪泛区、蓄滞洪区和防洪保护区。

洪泛区是指尚无工程设施保护的洪水泛滥所及的地区。

蓄滞洪区是指包括分洪口在内的河堤背水面以外临时贮存洪水的低洼地区及湖泊等。

防洪保护区是指在防洪标准内受防洪工程设施保护的地区。

洪泛区、蓄滞洪区和防洪保护区的范围，在防洪规划或者防御洪水方案中划定，并报请省级以上人民政府按照国务院规定的权限批准后予以公告。

第三十条 各级人民政府应当按照防洪规划对防洪区内的土地利用实行分区管理。

第三十一条 地方各级人民政府应当加强对防洪区安全建设工作的领导，组织有关部门、单位对防洪区内的单位和居民进行防洪教育，普及防洪知识，提高水患意识；按照防洪规划和防御洪水方案建立并完善防洪体系和水文、气象、通信、预警以及洪涝灾害监测系统，提高防御洪水能力；组织防洪区内的单位和居民积极参加防洪工作，因地制宜地采取防洪避洪措施。

第三十二条 洪泛区、蓄滞洪区所在地的省、自治区、直辖市人民政府应当组织有关地区和部门，按照防洪规划的要求，制定洪泛区、蓄滞洪区安全建设计划，控制蓄滞洪区人口增长，对居住在经常使用的蓄滞洪区的居民，有计划地组织外迁，并采取其他必要的安全保护措施。

因蓄滞洪区而直接受益的地区和单位，应当对蓄滞洪区承担国家规定的补偿、救助义务。国务院和有关的省、自治区、直辖市人民政府应当建立对蓄滞洪区的扶持和补偿、救助制度。

国务院和有关的省、自治区、直辖市人民政府可以制定洪泛区、蓄滞洪区安全建设管理办法以及对蓄滞洪区的扶持和补偿、救助办法。

第三十三条 在洪泛区、蓄滞洪区内建设非防洪建设项目，应当就洪水对建设项目可能产生的影响和建设项目对防洪可能产生的影响作出评价，编制洪水影响评价报告，提出防御措施。洪水影响评价报告未经有关水行政主管部门审查批准的，建设单位不得开工建设。

在蓄滞洪区内建设的油田、铁路、公路、矿山、电厂、电信设施和管道，其洪水影响评价报告应当包括建设单位自行安排的防洪避洪方案。建设项目投入生产或者使用时，其防洪工程设施应当经水行政主管部门验收。

在蓄滞洪区内建造房屋应当采用平顶式结构。

第三十四条 大中城市，重要的铁路、公路干线，大型骨干企业，应当列为防洪重点，确保安全。

受洪水威胁的城市、经济开发区、工矿区和国家重要的农业生产基地等，应当重点保护，建设必要的防洪工程设施。

城市建设不得擅自填堵原有河道沟叉、贮水湖塘洼淀和废除原有防洪围堤。确需填堵或者废除的，应当经城市人民政府批准。

第三十五条 属于国家所有的防洪工程设施，应当按照经批准的设计，在竣工验收前由县级以上人民政府按照国家规定，划定管理和保护范围。

属于集体所有的防洪工程设施，应当按照省、自治区、直辖市人民政府的规定，划定保护范围。

在防洪工程设施保护范围内，禁止进行爆破、打井、采石、取土等危害防洪工程设施安全的活动。

第三十六条 各级人民政府应当组织有关部门加强对水库大坝的定期检查和监督管理。对未达到设计洪水标准、抗震设防要求或者有严重质量缺陷的险坝，大坝主管部门应当组织有关单位采取除险加固措施，限期消除危险或者重建，有关人民政府应当优先安排所需资金。对可能出现垮坝的水库，应当事先制定应急抢险和居民临时撤离方案。

各级人民政府和有关主管部门应当加强对尾矿坝的监督管理，采取措施，避免因洪水导致垮坝。

第三十七条 任何单位和个人不得破坏、侵占、毁损水库大坝、堤防、水闸、护岸、抽水站、排水渠系等防洪工程和水文、通信设施以及防汛备用的器材、物料等。

第五章　防汛抗洪

第三十八条 防汛抗洪工作实行各级人民政府行政首长负责制，统一指挥、分级分部门负责。

第三十九条 国务院设立国家防汛指挥机构，负责领导、组织全国的防汛抗洪工作，其办事机构设在国务院水行政主管部门。

在国家确定的重要江河、湖泊可以设立由有关省、自治区、直辖市人民政府和该江河、湖泊的流域管理机构负责人等组成的防汛指挥机构，指挥所管辖范围内的防汛抗洪工作，其办事机构设在流域管理机构。

有防汛抗洪任务的县级以上地方人民政府设立由有关部门、当地驻军、人民武装部负责人等组成的防汛指挥机构，在上级防汛指挥机构和本级人民政府的领导下，指挥本地区的防汛抗洪工作，其办事机构设在同级水行政主管部门；必要时，经城市人民政府决定，防汛指挥机构也可以在建设行政主管部门设城市市区办事机构，在防汛指挥机构的统一领导下，负责城市市区的防汛抗洪日常工作。

第四十条　有防汛抗洪任务的县级以上地方人民政府根据流域综合规划、防洪工程实际状况和国家规定的防洪标准，制定防御洪水方案（包括对特大洪水的处置措施）。

长江、黄河、淮河、海河的防御洪水方案，由国家防汛指挥机构制定，报国务院批准；跨省、自治区、直辖市的其他江河的防御洪水方案，由有关流域管理机构会同有关省、自治区、直辖市人民政府制定，报国务院或者国务院授权的有关部门批准。防御洪水方案经批准后，有关地方人民政府必须执行。

各级防汛指挥机构和承担防汛抗洪任务的部门和单位，必须根据防御洪水方案做好防汛抗洪准备工作。

第四十一条　省、自治区、直辖市人民政府防汛指挥机构根据当地的洪水规律，规定汛期起止日期。

当江河、湖泊的水情接近保证水位或者安全流量，水库水位接近设计洪水位，或者防洪工程设施发生重大险情时，有关县级以上人民政府防汛指挥机构可以宣布进入紧急防汛期。

第四十二条　对河道、湖泊范围内阻碍行洪的障碍物，按照谁设障、谁清除的原则，由防汛指挥机构责令限期清除；逾期不清除的，由防汛指挥机构组织强行清除，所需费用由设障者承担。

在紧急防汛期，国家防汛指挥机构或者其授权的流域、省、自治区、直辖市防汛指挥机构有权对壅水、阻水严重的桥梁、引道、码头和其他跨河工程设施作出紧急处置。

第四十三条 在汛期，气象、水文、海洋等有关部门应当按照各自的职责，及时向有关防汛指挥机构提供天气、水文等实时信息和风暴潮预报；电信部门应当优先提供防汛抗洪通信的服务；运输、电力、物资材料供应等有关部门应当优先为防汛抗洪服务。

中国人民解放军、中国人民武装警察部队和民兵应当执行国家赋予的抗洪抢险任务。

第四十四条 在汛期，水库、闸坝和其他水工程设施的运用，必须服从有关的防汛指挥机构的调度指挥和监督。

在汛期，水库不得擅自在汛期限制水位以上蓄水，其汛期限制水位以上的防洪库容的运用，必须服从防汛指挥机构的调度指挥和监督。

在凌汛期，有防凌汛任务的江河的上游水库的下泄水量必须征得有关的防汛指挥机构的同意，并接受其监督。

第四十五条 在紧急防汛期，防汛指挥机构根据防汛抗洪的需要，有权在其管辖范围内调用物资、设备、交通运输工具和人力，决定采取取土占地、砍伐林木、清除阻水障碍物和其他必要的紧急措施；必要时，公安、交通等有关部门按照防汛指挥机构的决定，依法实施陆地和水面交通管制。

依照前款规定调用的物资、设备、交通运输工具等，在汛期结束后应当及时归还；造成损坏或者无法归还的，按照国务院有关规定给予适当补偿或者作其他处理。取土占地、砍伐林木的，在汛期结束后依法向有关部门补办手续；有关地方人民政府对取土后的土地组织复垦，对砍伐的林木组织补种。

第四十六条 江河、湖泊水位或者流量达到国家规定的分洪标准，需要启用蓄滞洪区时，国务院，国家防汛指挥机构，流域防汛指挥机构，省、自治区、直辖市人民政府，省、自治区、直辖市防汛指挥机构，按照依法经批准的防御洪水方案中规定的启用条件和批准程序，决定启用蓄滞洪区。依法启用蓄滞洪区，任何单位和个人不得阻拦、拖延；遇到阻拦、拖延时，由有关县级以上地方人民政府强制实施。

第四十七条 发生洪涝灾害后，有关人民政府应当组织有关部门、单位做好灾区的生活供给、卫生防疫、救灾物资供应、治安管理、学校复课、恢复生产和重建家园等救灾工作以及所管辖地区的各项水毁工程设施修复工作。水毁防洪工程设施的修复，应当优先列入有关部门的年度建设计划。

国家鼓励、扶持开展洪水保险。

第六章 保障措施

第四十八条 各级人民政府应当采取措施，提高防洪投入的总体水平。

第四十九条 江河、湖泊的治理和防洪工程设施的建设和维护所需投资，按照事权和财权相统一的原则，分级负责，由中央和地方财政承担。城市防洪工程设施的建设和维护所需投资，由城市人民政府承担。

受洪水威胁地区的油田、管道、铁路、公路、矿山、电力、电信等企业、事业单位应当自筹资金，兴建必要的防洪自保工程。

第五十条 中央财政应当安排资金，用于国家确定的重要江河、湖泊的堤坝遭受特大洪涝灾害时的抗洪抢险和水毁防洪工程修复。省、自治区、直辖市人民政府应当在本级财政预算中安排资金，用于本行政区域内遭受特大洪涝灾害地区的抗洪抢险和水毁防洪工程修复。

第五十一条 国家设立水利建设基金，用于防洪工程和水利工程的维护和建设。具体办法由国务院规定。

受洪水威胁的省、自治区、直辖市为加强本行政区域内防洪工程设施建设，提高防御洪水能力，按照国务院的有关规定，可以规定在防洪保护区范围内征收河道工程修建维护管理费。

第五十二条 任何单位和个人不得截留、挪用防洪、救灾资金和物资。

各级人民政府审计机关应当加强对防洪、救灾资金使用情况的审计监督。

第七章 法律责任

第五十三条 违反本法第十七条规定，未经水行政主管部门签署规划同意书，擅自在江河、湖泊上建设防洪工程和其他水工程、水电站的，责令停止违法行为，补办规划同意书手续；违反规划同意书的要求，严重影响防洪的，责令限期拆除；违反规划同意书的要求，影响防洪但尚可采取补救措施的，责令限期采取补救措施，可以处一万元以上十万元以下的罚款。

第五十四条 违反本法第十九条规定，未按照规划治导线整治河道和修建控制引导河水流向、保护堤岸等工程，影响防洪的，责令停止违法行为，恢复原状或者采取其他补救措施，可以处一万元以上十万元以下的罚款。

第五十五条 违反本法第二十二条第二款、第三款规定，有下列行为之一的，责令停止违法行为，排除阻碍或者采取其他补救措施，可以处五万元以下的罚款：

（一）在河道、湖泊管理范围内建设妨碍行洪的建筑物、构筑物的；

（二）在河道、湖泊管理范围内倾倒垃圾、渣土，从事影响河势稳定、危害河岸堤防安全和其他妨碍河道行洪的活动的；

（三）在行洪河道内种植阻碍行洪的林木和高秆作物的。

第五十六条 违反本法第十五条第二款、第二十三条规定，围海造地、围湖造地、围垦河道的，责令停止违法行为，恢复原状或者采取其他补救措施，可以处五万元以下的罚款；既不恢复原状也不采取其他补救措施的，代为恢复原状或者采取其他补救措施，所需费用由违法者承担。

第五十七条 违反本法第二十七条规定，未经水行政主管部门对其工程建设方案审查同意或者未按照有关水行政主管部门审查批准的位置、界限，在河道、湖泊管理范围内从事工程设施建设活动的，责令停止违法行为，补办审查同意或者审查批准手续；工程设施建设严重影响防洪的，责令限期拆除，逾期不拆除的，强行拆除，所需费用由建设单位承担；影响行洪但尚可采取补救措施的，责令限期采取补救措施，可以处一万元以上十万元以下的罚款。

第五十八条 违反本法第三十三条第一款规定，在洪泛区、蓄滞洪区内建设非防洪建设项目，未编制洪水影响评价报告或者洪水影响评价报告未经审查批准开工建设的，责令限期改正；逾期不改正的，处五万元以下的罚款。

违反本法第三十三条第二款规定，防洪工程设施未经验收，即将建设项目投入生产或者使用的，责令停止生产或者使用，限期验收防洪工程设施，可以处五万元以下的罚款。

第五十九条 违反本法第三十四条规定，因城市建设擅自填堵原有河道沟叉、贮水湖塘洼淀和废除原有防洪围堤的，城市人民政府应当责令停止违法行为，限期恢复原状或者采取其他补救措施。

第六十条 违反本法规定，破坏、侵占、毁损堤防、水闸、护岸、抽水站、排水渠系等防洪工程和水文、通信设施以及防汛备用的器材、物料的，责令停止违法行为，采取补救措施，可以处五万元以下的罚款；造成损坏的，依法承担民事责任；应当给予治安管理处罚的，依照治安管理处罚法的规定处罚；构成犯罪的，依法追究刑事责任。

第六十一条 阻碍、威胁防汛指挥机构、水行政主管部门或者流域管理机构的工作人员依法执行职务，构成犯罪的，依法追究刑事责任；尚不构成犯罪，应当给予治安管理处罚的，依照治安管理处罚法的规定处罚。

第六十二条 截留、挪用防洪、救灾资金和物资，构成犯罪的，依法追究刑事责任；尚不构成犯罪的，给予行政处分。

第六十三条 除本法第五十九条的规定外，本章规定的行政处罚和行政措施，由县级以上人民政府水行政主管部门决定，或者由流域管理机构按照国务院水行政主管部门规定的权限决定。但是，本法第六十条、第六十一条规定的治安管理处罚的决定机关，按照治安管理处罚法的规定执行。

第六十四条 国家工作人员，有下列行为之一，构成犯罪的，依法追究刑事责任；尚不构成犯罪的，给予行政处分：

（一）违反本法第十七条、第十九条、第二十二条第二款、第二十二条第三款、第二十七条或者第三十四条规定，严重影响防洪的；

（二）滥用职权，玩忽职守，徇私舞弊，致使防汛抗洪工作遭受重大损失的；

（三）拒不执行防御洪水方案、防汛抢险指令或者蓄滞洪方案、措施、汛期调度运用计划等防汛调度方案的；

（四）违反本法规定，导致或者加重毗邻地区或者其他单位洪灾损失的。

第八章　附　则

第六十五条　本法自 1998 年 1 月 1 日起施行。

中华人民共和国突发事件应对法

（2007 年 8 月 30 日第十届全国人民代表大会常务委员会第二十九次会议通过）

第一章　总　则

第一条　为了预防和减少突发事件的发生，控制、减轻和消除突发事件引起的严重社会危害，规范突发事件应对活动，保护人民生命财产安全，维护国家安全、公共安全、环境安全和社会秩序，制定本法。

第二条　突发事件的预防与应急准备、监测与预警、应急处置与救援、事后恢复与重建等应对活动，适用本法。

第三条　本法所称突发事件，是指突然发生，造成或者可能造成严重社会危害，需要采取应急处置措施予以应对的自然灾害、事故灾难、公共卫生事件和社会安全事件。

按照社会危害程度、影响范围等因素，自然灾害、事故灾难、公共卫生事件分为特别重大、重大、较大和一般四级。法律、行政法规或者国务院另有规定的，从其规定。

突发事件的分级标准由国务院或者国务院确定的部门制定。

第四条　国家建立统一领导、综合协调、分类管理、分级负责、属地管理为主的应急管理体制。

第五条　突发事件应对工作实行预防为主、预防与应急相结合的原则。国家建立重大突发事件风险评估体系，对可能发生的突发事件进行综合性评估，减少重大突发事件的发生，最大限度地减轻重大突发事件的影响。

第六条 国家建立有效的社会动员机制，增强全民的公共安全和防范风险的意识，提高全社会的避险救助能力。

第七条 县级人民政府对本行政区域内突发事件的应对工作负责；涉及两个以上行政区域的，由有关行政区域共同的上一级人民政府负责，或者由各有关行政区域的上一级人民政府共同负责。

突发事件发生后，发生地县级人民政府应当立即采取措施控制事态发展，组织开展应急救援和处置工作，并立即向上一级人民政府报告，必要时可以越级上报。

突发事件发生地县级人民政府不能消除或者不能有效控制突发事件引起的严重社会危害的，应当及时向上级人民政府报告。上级人民政府应当及时采取措施，统一领导应急处置工作。

法律、行政法规规定由国务院有关部门对突发事件的应对工作负责的，从其规定；地方人民政府应当积极配合并提供必要的支持。

第八条 国务院在总理领导下研究、决定和部署特别重大突发事件的应对工作；根据实际需要，设立国家突发事件应急指挥机构，负责突发事件应对工作；必要时，国务院可以派出工作组指导有关工作。

县级以上地方各级人民政府设立由本级人民政府主要负责人、相关部门负责人、驻当地中国人民解放军和中国人民武装警察部队有关负责人组成的突发事件应急指挥机构，统一领导、协调本级人民政府各有关部门和下级人民政府开展突发事件应对工作；根据实际需要，设立相关类别突发事件应急指挥机构，组织、协调、指挥突发事件应对工作。

上级人民政府主管部门应当在各自职责范围内，指导、协助下级人民政府及其相应部门做好有关突发事件的应对工作。

第九条 国务院和县级以上地方各级人民政府是突发事件应对工作的行政领导机关，其办事机构及具体职责由国务院规定。

第十条 有关人民政府及其部门作出的应对突发事件的决定、命令，应当及时公布。

第十一条 有关人民政府及其部门采取的应对突发事件的措施，应当与突发事件可能造成的社会危害的性质、程度和范围相适应；有多种措施可供选择的，应当选择有利于最大程度地保护公民、法人和其他组织权益的措施。

公民、法人和其他组织有义务参与突发事件应对工作。

第十二条 有关人民政府及其部门为应对突发事件，可以征用单位和个人的财产。被征用的财产在使用完毕或者突发事件应急处置工作结束后，应当及时返还。财产被征用或者征用后毁损、灭失的，应当给予补偿。

第十三条 因采取突发事件应对措施，诉讼、行政复议、仲裁活动不能正常进行的，适用有关时效中止和程序中止的规定，但法律另有规定的除外。

第十四条 中国人民解放军、中国人民武装警察部队和民兵组织依照本法和其他有关法律、行政法规、军事法规的规定以及国务院、中央军事委员会的命令，参加突发事件的应急救援和处置工作。

第十五条 中华人民共和国政府在突发事件的预防、监测与预警、应急处置与救援、事后恢复与重建等方面，同外国政府和有关国际组织开展合作与交流。

第十六条 县级以上人民政府作出应对突发事件的决定、命令，应当报本级人民代表大会常务委员会备案；突发事件应急处置工作结束后，应当向本级人民代表大会常务委员会作出专项工作报告。

第二章 预防与应急准备

第十七条 国家建立健全突发事件应急预案体系。

国务院制定国家突发事件总体应急预案，组织制定国家突发事件专项应急预案；国务院有关部门根据各自的职责和国务院相关应急预案，制定国家突发事件部门应急预案。

地方各级人民政府和县级以上地方各级人民政府有关部门根据有关法律、法规、规章、上级人民政府及其有关部门的应急预案以及本地区的实际情况，制定相应的突发事件应急预案。

应急预案制定机关应当根据实际需要和情势变化，适时修订应急预案。应急预案的制定、修订程序由国务院规定。

第十八条 应急预案应当根据本法和其他有关法律、法规的规定，针对突发事件的性质、特点和可能造成的社会危害，具体规定突发事件应急管理工作的组织指挥体系与职责和突发事件的预防与预警机制、处置程序、应急保障措施以及事后恢复与重建措施等内容。

第十九条 城乡规划应当符合预防、处置突发事件的需要，统筹安排应对突发事件所必需的设备和基础设施建设，合理确定应急避难场所。

第二十条 县级人民政府应当对本行政区域内容易引发自然灾害、事故灾难和公共卫生事件的危险源、危险区域进行调查、登记、风险评估，定期进行检查、监控，并责令有关单位采取安全防范措施。

省级和设区的市级人民政府应当对本行政区域内容易引发特别重大、重大突发事件的危险源、危险区域进行调查、登记、风险评估，组织进行检查、监控，并责令有关单位采取安全防范措施。

县级以上地方各级人民政府按照本法规定登记的危险源、危险区域，应当按照国家规定及时向社会公布。

第二十一条 县级人民政府及其有关部门、乡级人民政府、街道办事处、居民委员会、村民委员会应当及时调解处理可能引发社会安全事件的矛盾纠纷。

第二十二条 所有单位应当建立健全安全管理制度，定期检查本单位各项安全防范措施的落实情况，及时消除事故隐患；掌握并及时处理本单位存在的可能引发社会安全事件的问题，防止矛盾激化和事态扩大；对本单位可能发生的突发事件和采取安全防范措施的情况，应当按照规定及时向所在地人民政府或者人民政府有关部门报告。

第二十三条 矿山、建筑施工单位和易燃易爆物品、危险化学品、放射性物品等危险物品的生产、经营、储运、使用单位，应当制定具体应急预案，并对生产经营场所、有危险物品的建筑物、构筑物及周边环境开展隐患排查，及时采取措施消除隐患，防止发生突发事件。

第二十四条 公共交通工具、公共场所和其他人员密集场所的经营单位或者管理单位应当制定具体应急预案，为交通工具和有关场所配备报警装置和必要的应急救援设备、设施，注明其使用方法，并显著标明安全撤离的通道、路线，保证安全通道、出口的畅通。

有关单位应当定期检测、维护其报警装置和应急救援设备、设施，使其处于良好状态，确保正常使用。

第二十五条 县级以上人民政府应当建立健全突发事件应急管理培训制度，对人民政府及其有关部门负有处置突发事件职责的工作人员定期进行培训。

第二十六条 县级以上人民政府应当整合应急资源，建立或者确定综合性应急救援队伍。人民政府有关部门可以根据实际需要设立专业应急救援队伍。

县级以上人民政府及其有关部门可以建立由成年志愿者组成的应急救援队伍。单位应当建立由本单位职工组成的专职或者兼职应急救援队伍。

县级以上人民政府应当加强专业应急救援队伍与非专业应急救援队伍的合作，联合培训、联合演练，提高合成应急、协同应急的能力。

第二十七条 国务院有关部门、县级以上地方各级人民政府及其有关部门、有关单位应当为专业应急救援人员购买人身意外伤害保险，配备必要的防护装备和器材，减少应急救援人员的人身风险。

第二十八条 中国人民解放军、中国人民武装警察部队和民兵组织应当有计划地组织开展应急救援的专门训练。

第二十九条 县级人民政府及其有关部门、乡级人民政府、街道办事处应当组织开展应急知识的宣传普及活动和必要的应急演练。

居民委员会、村民委员会、企业事业单位应当根据所在地人民政府的要求，结合各自的实际情况，开展有关突发事件应急知识的宣传普及活动和必要的应急演练。

新闻媒体应当无偿开展突发事件预防与应急、自救与互救知识的公益宣传。

第三十条 各级各类学校应当把应急知识教育纳入教学内容，对学生进行应急知识教育，培养学生的安全意识和自救与互救能力。

教育主管部门应当对学校开展应急知识教育进行指导和监督。

第三十一条 国务院和县级以上地方各级人民政府应当采取财政措施，保障突发事件应对工作所需经费。

第三十二条 国家建立健全应急物资储备保障制度，完善重要应急物资的监管、生产、储备、调拨和紧急配送体系。

设区的市级以上人民政府和突发事件易发、多发地区的县级人民政府应当建立应急救援物资、生活必需品和应急处置装备的储备制度。

县级以上地方各级人民政府应当根据本地区的实际情况，与有关企业签订协议，保障应急救援物资、生活必需品和应急处置装备的生产、供给。

第三十三条 国家建立健全应急通信保障体系，完善公用通信网，建立有线与无线相结合、基础电信网络与机动通信系统相配套的应急通信系统，确保突发事件应对工作的通信畅通。

第三十四条 国家鼓励公民、法人和其他组织为人民政府应对突发事件工作提供物资、资金、技术支持和捐赠。

第三十五条 国家发展保险事业，建立国家财政支持的巨灾风险保险体系，并鼓励单位和公民参加保险。

第三十六条 国家鼓励、扶持具备相应条件的教学科研机构培养应急管理专门人才，鼓励、扶持教学科研机构和有关企业研究开发用于突发事件预防、监测、预警、应急处置与救援的新技术、新设备和新工具。

第三章 监测与预警

第三十七条 国务院建立全国统一的突发事件信息系统。

县级以上地方各级人民政府应当建立或者确定本地区统一的突发事件信息系统，汇集、储存、分析、传输有关突发事件的信息，并与上级人民政府及其有关部门、下级人民政府及其有关部门、专业机构和监测网点的突发事件信息系统实现互联互通，加强跨部门、跨地区的信息交流与情报合作。

第三十八条 县级以上人民政府及其有关部门、专业机构应当通过多种途径收集突发事件信息。

县级人民政府应当在居民委员会、村民委员会和有关单位建立专职或者兼职信息报告员制度。

获悉突发事件信息的公民、法人或者其他组织，应当立即向所在地人民政府、有关主管部门或者指定的专业机构报告。

第三十九条　地方各级人民政府应当按照国家有关规定向上级人民政府报送突发事件信息。县级以上人民政府有关主管部门应当向本级人民政府相关部门通报突发事件信息。专业机构、监测网点和信息报告员应当及时向所在地人民政府及其有关主管部门报告突发事件信息。

有关单位和人员报送、报告突发事件信息，应当做到及时、客观、真实，不得迟报、谎报、瞒报、漏报。

第四十条　县级以上地方各级人民政府应当及时汇总分析突发事件隐患和预警信息，必要时组织相关部门、专业技术人员、专家学者进行会商，对发生突发事件的可能性及其可能造成的影响进行评估；认为可能发生重大或者特别重大突发事件的，应当立即向上级人民政府报告，并向上级人民政府有关部门、当地驻军和可能受到危害的毗邻或者相关地区的人民政府通报。

第四十一条　国家建立健全突发事件监测制度。

县级以上人民政府及其有关部门应当根据自然灾害、事故灾难和公共卫生事件的种类和特点，建立健全基础信息数据库，完善监测网络，划分监测区域，确定监测点，明确监测项目，提供必要的设备、设施，配备专职或者兼职人员，对可能发生的突发事件进行监测。

第四十二条　国家建立健全突发事件预警制度。

可以预警的自然灾害、事故灾难和公共卫生事件的预警级别，按照突发事件发生的紧急程度、发展势态和可能造成的危害程度分为一级、二级、三级和四级，分别用红色、橙色、黄色和蓝色标示，一级为最高级别。

预警级别的划分标准由国务院或者国务院确定的部门制定。

第四十三条　可以预警的自然灾害、事故灾难或者公共卫生事件即将发生或者发生的可能性增大时，县级以上地方各级人民政府应当根据有关法律、行政法规和国务院规定的权限和程序，发布相应级别的警报，决定并宣布有关地区进入预警期，同时向上一级人民政府报告，必要时可以越级上报，并向当地驻军和可能受到危害的毗邻或者相关地区的人民政府通报。

第四十四条　发布三级、四级警报，宣布进入预警期后，县级以上地方各级人民政府应当根据即将发生的突发事件的特点和可能造成的危害，采取下列措施：

（一）启动应急预案；

（二）责令有关部门、专业机构、监测网点和负有特定职责的人员及时收集、报告有关信息，向社会公布反映突发事件信息的渠道，加强对突发事件发生、发展情况的监测、预报和预警工作；

（三）组织有关部门和机构、专业技术人员、有关专家学者，随时对突发事件信息进行分析评估，预测发生突发事件可能性的大小、影响范围和强度以及可能发生的突发事件的级别；

（四）定时向社会发布与公众有关的突发事件预测信息和分析评估结果，并对相关信息的报道工作进行管理；

（五）及时按照有关规定向社会发布可能受到突发事件危害的警告，宣传避免、减轻危害的常识，公布咨询电话。

第四十五条　发布一级、二级警报，宣布进入预警期后，县级以上地方各级人民政府除采取本法第四十四条规定的措施外，还应当针对即将发生的突发事件的特点和可能造成的危害，采取下列一项或者多项措施：

（一）责令应急救援队伍、负有特定职责的人员进入待命状态，并动员后备人员做好参加应急救援和处置工作的准备；

（二）调集应急救援所需物资、设备、工具，准备应急设施和避难场所，并确保其处于良好状态、随时可以投入正常使用；

（三）加强对重点单位、重要部位和重要基础设施的安全保卫，维护社会治安秩序；

（四）采取必要措施，确保交通、通信、供水、排水、供电、供气、供热等公共设施的安全和正常运行；

（五）及时向社会发布有关采取特定措施避免或者减轻危害的建议、劝告；

（六）转移、疏散或者撤离易受突发事件危害的人员并予以妥善安置，转移重要财产；

（七）关闭或者限制使用易受突发事件危害的场所，控制或者限制容易导致危害扩大的公共场所的活动；

（八）法律、法规、规章规定的其他必要的防范性、保护性措施。

第四十六条　对即将发生或者已经发生的社会安全事件，县级以上地方各级人民政府及其有关主管部门应当按照规定向上一级人民政府及其有关主管部门报告，必要时可以越级上报。

第四十七条　发布突发事件警报的人民政府应当根据事态的发展，按照有关规定适时调整预警级别并重新发布。

有事实证明不可能发生突发事件或者危险已经解除的，发布警报的人民政府应当立即宣布解除警报，终止预警期，并解除已经采取的有关措施。

第四章　应急处置与救援

第四十八条　突发事件发生后，履行统一领导职责或者组织处置突发事件的人民政府应当针对其性质、特点和危害程度，立即组织有关部门，调动应急救援队伍和社会力量，依照本章的规定和有关法律、法规、规章的规定采取应急处置措施。

第四十九条 自然灾害、事故灾难或者公共卫生事件发生后，履行统一领导职责的人民政府可以采取下列一项或者多项应急处置措施：

（一）组织营救和救治受害人员，疏散、撤离并妥善安置受到威胁的人员以及采取其他救助措施；

（二）迅速控制危险源，标明危险区域，封锁危险场所，划定警戒区，实行交通管制以及其他控制措施；

（三）立即抢修被损坏的交通、通信、供水、排水、供电、供气、供热等公共设施，向受到危害的人员提供避难场所和生活必需品，实施医疗救护和卫生防疫以及其他保障措施；

（四）禁止或者限制使用有关设备、设施，关闭或者限制使用有关场所，中止人员密集的活动或者可能导致危害扩大的生产经营活动以及采取其他保护措施；

（五）启用本级人民政府设置的财政预备费和储备的应急救援物资，必要时调用其他急需物资、设备、设施、工具；

（六）组织公民参加应急救援和处置工作，要求具有特定专长的人员提供服务；

（七）保障食品、饮用水、燃料等基本生活必需品的供应；

（八）依法从严惩处囤积居奇、哄抬物价、制假售假等扰乱市场秩序的行为，稳定市场价格，维护市场秩序；

（九）依法从严惩处哄抢财物、干扰破坏应急处置工作等扰乱社会秩序的行为，维护社会治安；

（十）采取防止发生次生、衍生事件的必要措施。

第五十条 社会安全事件发生后，组织处置工作的人民政府应当立即组织有关部门并由公安机关针对事件的性质和特点，依照有关法律、行政法规和国家其他有关规定，采取下列一项或者多项应急处置措施：

（一）强制隔离使用器械相互对抗或者以暴力行为参与冲突的当事人，妥善解决现场纠纷和争端，控制事态发展；

（二）对特定区域内的建筑物、交通工具、设备、设施以及燃料、燃气、电力、水的供应进行控制；

（三）封锁有关场所、道路，查验现场人员的身份证件，限制有关公共场所内的活动；

（四）加强对易受冲击的核心机关和单位的警卫，在国家机关、军事机关、国家通讯社、广播电台、电视台、外国驻华使领馆等单位附近设置临时警戒线；

（五）法律、行政法规和国务院规定的其他必要措施。

严重危害社会治安秩序的事件发生时，公安机关应当立即依法出动警力，根据现场情况依法采取相应的强制性措施，尽快使社会秩序恢复正常。

第五十一条　发生突发事件，严重影响国民经济正常运行时，国务院或者国务院授权的有关主管部门可以采取保障、控制等必要的应急措施，保障人民群众的基本生活需要，最大限度地减轻突发事件的影响。

第五十二条　履行统一领导职责或者组织处置突发事件的人民政府，必要时可以向单位和个人征用应急救援所需设备、设施、场地、交通工具和其他物资，请求其他地方人民政府提供人力、物力、财力或者技术支援，要求生产、供应生活必需品和应急救援物资的企业组织生产、保证供给，要求提供医疗、交通等公共服务的组织提供相应的服务。

履行统一领导职责或者组织处置突发事件的人民政府，应当组织协调运输经营单位，优先运送处置突发事件所需物资、设备、工具、应急救援人员和受到突发事件危害的人员。

第五十三条 履行统一领导职责或者组织处置突发事件的人民政府，应当按照有关规定统一、准确、及时发布有关突发事件事态发展和应急处置工作的信息。

第五十四条 任何单位和个人不得编造、传播有关突发事件事态发展或者应急处置工作的虚假信息。

第五十五条 突发事件发生地的居民委员会、村民委员会和其他组织应当按照当地人民政府的决定、命令，进行宣传动员，组织群众开展自救和互救，协助维护社会秩序。

第五十六条 受到自然灾害危害或者发生事故灾难、公共卫生事件的单位，应当立即组织本单位应急救援队伍和工作人员营救受害人员，疏散、撤离、安置受到威胁的人员，控制危险源，标明危险区域，封锁危险场所，并采取其他防止危害扩大的必要措施，同时向所在地县级人民政府报告；对因本单位的问题引发的或者主体是本单位人员的社会安全事件，有关单位应当按照规定上报情况，并迅速派出负责人赶赴现场开展劝解、疏导工作。

突发事件发生地的其他单位应当服从人民政府发布的决定、命令，配合人民政府采取的应急处置措施，做好本单位的应急救援工作，并积极组织人员参加所在地的应急救援和处置工作。

第五十七条 突发事件发生地的公民应当服从人民政府、居民委员会、村民委员会或者所属单位的指挥和安排，配合人民政府采取的应急处置措施，积极参加应急救援工作，协助维护社会秩序。

第五章　事后恢复与重建

第五十八条 突发事件的威胁和危害得到控制或者消除后，履行统一领导职责或者组织处置突发事件的人民政府应当停止执行依照本法规定采取的应急处置措施，同时采取或者继续实施必要措施，防止发生自然灾害、事故灾难、公共卫生事件的次生、衍生事件或者重新引发社会安全事件。

第五十九条　突发事件应急处置工作结束后，履行统一领导职责的人民政府应当立即组织对突发事件造成的损失进行评估，组织受影响地区尽快恢复生产、生活、工作和社会秩序，制定恢复重建计划，并向上一级人民政府报告。

受突发事件影响地区的人民政府应当及时组织和协调公安、交通、铁路、民航、邮电、建设等有关部门恢复社会治安秩序，尽快修复被损坏的交通、通信、供水、排水、供电、供气、供热等公共设施。

第六十条　受突发事件影响地区的人民政府开展恢复重建工作需要上一级人民政府支持的，可以向上一级人民政府提出请求。上一级人民政府应当根据受影响地区遭受的损失和实际情况，提供资金、物资支持和技术指导，组织其他地区提供资金、物资和人力支援。

第六十一条　国务院根据受突发事件影响地区遭受损失的情况，制定扶持该地区有关行业发展的优惠政策。

受突发事件影响地区的人民政府应当根据本地区遭受损失的情况，制定救助、补偿、抚慰、抚恤、安置等善后工作计划并组织实施，妥善解决因处置突发事件引发的矛盾和纠纷。

公民参加应急救援工作或者协助维护社会秩序期间，其在本单位的工资待遇和福利不变；表现突出、成绩显著的，由县级以上人民政府给予表彰或者奖励。

县级以上人民政府对在应急救援工作中伤亡的人员依法给予抚恤。

第六十二条　履行统一领导职责的人民政府应当及时查明突发事件的发生经过和原因，总结突发事件应急处置工作的经验教训，制定改进措施，并向上一级人民政府提出报告。

第六章　法律责任

第六十三条　地方各级人民政府和县级以上各级人民政府有关部门违反本法规定，不履行法定职责的，由其上级行政机关或者监察机关责令改正；有下列情形之一的，根据情节对直接负责的主管人员和其他直接责任人员依法给予处分：

（一）未按规定采取预防措施，导致发生突发事件，或者未采取必要的防范措施，导致发生次生、衍生事件的；

（二）迟报、谎报、瞒报、漏报有关突发事件的信息，或者通报、报送、公布虚假信息，造成后果的；

（三）未按规定及时发布突发事件警报、采取预警期的措施，导致损害发生的；

（四）未按规定及时采取措施处置突发事件或者处置不当，造成后果的；

（五）不服从上级人民政府对突发事件应急处置工作的统一领导、指挥和协调的；

（六）未及时组织开展生产自救、恢复重建等善后工作的；

（七）截留、挪用、私分或者变相私分应急救援资金、物资的；

（八）不及时归还征用的单位和个人的财产，或者对被征用财产的单位和个人不按规定给予补偿的。

第六十四条　有关单位有下列情形之一的，由所在地履行统一领导职责的人民政府责令停产停业，暂扣或者吊销许可证或者营业执照，并处五万元以上二十万元以下的罚款；构成违反治安管理行为的，由公安机关依法给予处罚：

（一）未按规定采取预防措施，导致发生严重突发事件的；

（二）未及时消除已发现的可能引发突发事件的隐患，导致发生严重突发事件的；

（三）未做好应急设备、设施日常维护、检测工作，导致发生严重突发事件或者突发事件危害扩大的；

（四）突发事件发生后，不及时组织开展应急救援工作，造成严重后果的。

前款规定的行为，其他法律、行政法规规定由人民政府有关部门依法决定处罚的，从其规定。

第六十五条　违反本法规定，编造并传播有关突发事件事态发展或者应急处置工作的虚假信息，或者明知是有关突发事件事态发展或者应急处置工作的虚假信息而进行传播的，责令改正，给予警告；造成严重后果的，依法暂停其业务活动或者吊销其执业许可证；负有直接责任的人员是国家工作人员的，还应当对其依法给予处分；构成违反治安管理行为的，由公安机关依法给予处罚。

第六十六条　单位或者个人违反本法规定，不服从所在地人民政府及其有关部门发布的决定、命令或者不配合其依法采取的措施，构成违反治安管理行为的，由公安机关依法给予处罚。

第六十七条　单位或者个人违反本法规定，导致突发事件发生或者危害扩大，给他人人身、财产造成损害的，应当依法承担民事责任。

第六十八条　违反本法规定，构成犯罪的，依法追究刑事责任。

第七章　附　则

第六十九条　发生特别重大突发事件，对人民生命财产安全、国家安全、公共安全、环境安全或者社会秩序构成重大威胁，采取本法和其他有关法律、法规、规章规定的应急处置措施不能消除或者有效控制、减轻其严重社会危害，需要进入紧急状态的，由全国人民代表大会常务委员会或者国务院依照宪法和其他有关法律规定的权限和程序决定。

紧急状态期间采取的非常措施，依照有关法律规定执行或者由全国人民代表大会常务委员会另行规定。

第七十条 本法自 2007 年 11 月 1 日起施行。

中华人民共和国水法

（1988 年 1 月 21 日第六届全国人民代表大会常务委员会第二十四次会议通过 2002 年 8 月 29 日第九届全国人民代表大会常务委员会第二十九次会议修订 根据 2009 年 8 月 27 日第十一届全国人民代表大会常务委员会第十次会议《关于修改部分法律的决定》第一次修正 根据 2016 年 7 月 2 日第十二届全国人民代表大会常务委员会第二十一次会议《关于修改〈中华人民共和国节约能源法〉等六部法律的决定》第二次修正）

第一章 总 则

第一条 为了合理开发、利用、节约和保护水资源，防治水害，实现水资源的可持续利用，适应国民经济和社会发展的需要，制定本法。

第二条 在中华人民共和国领域内开发、利用、节约、保护、管理水资源，防治水害，适用本法。

本法所称水资源，包括地表水和地下水。

第三条 水资源属于国家所有。水资源的所有权由国务院代表国家行使。农村集体经济组织的水塘和由农村集体经济组织修建管理的水库中的水，归各该农村集体经济组织使用。

第四条 开发、利用、节约、保护水资源和防治水害，应当全面规划、统筹兼顾、标本兼治、综合利用、讲求效益，发挥水资源的多种功能，协调好生活、生产经营和生态环境用水。

第五条 县级以上人民政府应当加强水利基础设施建设，并将其纳入本级国民经济和社会发展计划。

第六条 国家鼓励单位和个人依法开发、利用水资源，并保护其合法权益。开发、利用水资源的单位和个人有依法保护水资源的义务。

第七条 国家对水资源依法实行取水许可制度和有偿使用制度。但是，农村集体经济组织及其成员使用本集体经济组织的水塘、水库中的水的除外。国务院水行政主管部门负责全国取水许可制度和水资源有偿使用制度的组织实施。

第八条 国家厉行节约用水，大力推行节约用水措施，推广节约用水新技术、新工艺，发展节水型工业、农业和服务业，建立节水型社会。

各级人民政府应当采取措施，加强对节约用水的管理，建立节约用水技术开发推广体系，培育和发展节约用水产业。

单位和个人有节约用水的义务。

第九条 国家保护水资源，采取有效措施，保护植被，植树种草，涵养水源，防治水土流失和水体污染，改善生态环境。

第十条 国家鼓励和支持开发、利用、节约、保护、管理水资源和防治水害的先进科学技术的研究、推广和应用。

第十一条 在开发、利用、节约、保护、管理水资源和防治水害等方面成绩显著的单位和个人，由人民政府给予奖励。

第十二条 国家对水资源实行流域管理与行政区域管理相结合的管理体制。

国务院水行政主管部门负责全国水资源的统一管理和监督工作。

国务院水行政主管部门在国家确定的重要江河、湖泊设立的流域管理机构（以下简称流域管理机构），在所管辖的范围内行使法律、行政法规规定的和国务院水行政主管部门授予的水资源管理和监督职责。

县级以上地方人民政府水行政主管部门按照规定的权限，负责本行政区域内水资源的统一管理和监督工作。

第十三条 国务院有关部门按照职责分工，负责水资源开发、利用、节约和保护的有关工作。

县级以上地方人民政府有关部门按照职责分工，负责本行政区域内水资源开发、利用、节约和保护的有关工作。

第二章 水资源规划

第十四条 国家制定全国水资源战略规划。

开发、利用、节约、保护水资源和防治水害，应当按照流域、区域统一制定规划。规划分为流域规划和区域规划。流域规划包括流域综合规划和流域专业规划；区域规划包括区域综合规划和区域专业规划。

前款所称综合规划，是指根据经济社会发展需要和水资源开发利用现状编制的开发、利用、节约、保护水资源和防治水害的总体部署。前款所称专业规划，是指防洪、治涝、灌溉、航运、供水、水力发电、竹木流放、渔业、水资源保护、水土保持、防沙治沙、节约用水等规划。

第十五条 流域范围内的区域规划应当服从流域规划，专业规划应当服从综合规划。

流域综合规划和区域综合规划以及与土地利用关系密切的专业规划，应当与国民经济和社会发展规划以及土地利用总体规划、城市总体规划和环境保护规划相协调，兼顾各地区、各行业的需要。

第十六条 制定规划，必须进行水资源综合科学考察和调查评价。水资源综合科学考察和调查评价，由县级以上人民政府水行政主管部门会同同级有关部门组织进行。

县级以上人民政府应当加强水文、水资源信息系统建设。县级以上人民政府水行政主管部门和流域管理机构应当加强对水资源的动态监测。

基本水文资料应当按照国家有关规定予以公开。

第十七条 国家确定的重要江河、湖泊的流域综合规划，由国务院水行政主管部门会同国务院有关部门和有关省、自治区、直辖市人民政府编制，报国务院批准。跨省、自治区、直辖市的其他江河、湖泊的流域综合规划和区域综合规划，由有关流域管理机构会同江河、湖泊所在地的省、自治区、直辖市人民政府水行政主管部门和有关部门编制，分别经有关省、自治区、直辖市人民政府审查提出意见后，报国务院水行政主管部门审核；国务院水行政主管部门征求国务院有关部门意见后，报国务院或者其授权的部门批准。

前款规定以外的其他江河、湖泊的流域综合规划和区域综合规划，由县级以上地方人民政府水行政主管部门会同同级有关部门和有关地方人民政府编制，报本级人民政府或者其授权的部门批准，并报上一级水行政主管部门备案。

专业规划由县级以上人民政府有关部门编制，征求同级其他有关部门意见后，报本级人民政府批准。其中，防洪规划、水土保持规划的编制、批准，依照防洪法、水土保持法的有关规定执行。

第十八条 规划一经批准，必须严格执行。

经批准的规划需要修改时，必须按照规划编制程序经原批准机关批准。

第十九条 建设水工程，必须符合流域综合规划。在国家确定的重要江河、湖泊和跨省、自治区、直辖市的江河、湖泊上建设水工程，未取得有关流域管理机构签署的符合流域综合规划要求的规划同意书的，建设单位不得开工建设；在其他江河、湖泊上建设水工程，未取得县级以上地方人民政府水行政主管部门按照管理权限签署的符合流域综合规划要求的规划同意书的，建设单位不得开工建设。水工程建设涉及防洪的，依照防洪法的有关规定执行；涉及其他地区和行业的，建设单位应当事先征求有关地区和部门的意见。

第三章　水资源开发利用

第二十条　开发、利用水资源，应当坚持兴利与除害相结合，兼顾上下游、左右岸和有关地区之间的利益，充分发挥水资源的综合效益，并服从防洪的总体安排。

第二十一条　开发、利用水资源，应当首先满足城乡居民生活用水，并兼顾农业、工业、生态环境用水以及航运等需要。

在干旱和半干旱地区开发、利用水资源，应当充分考虑生态环境用水需要。

第二十二条　跨流域调水，应当进行全面规划和科学论证，统筹兼顾调出和调入流域的用水需要，防止对生态环境造成破坏。

第二十三条　地方各级人民政府应当结合本地区水资源的实际情况，按照地表水与地下水统一调度开发、开源与节流相结合、节流优先和污水处理再利用的原则，合理组织开发、综合利用水资源。

国民经济和社会发展规划以及城市总体规划的编制、重大建设项目的布局，应当与当地水资源条件和防洪要求相适应，并进行科学论证；在水资源不足的地区，应当对城市规模和建设耗水量大的工业、农业和服务业项目加以限制。

第二十四条　在水资源短缺的地区，国家鼓励对雨水和微咸水的收集、开发、利用和对海水的利用、淡化。

第二十五条　地方各级人民政府应当加强对灌溉、排涝、水土保持工作的领导，促进农业生产发展；在容易发生盐碱化和渍害的地区，应当采取措施，控制和降低地下水的水位。

农村集体经济组织或者其成员依法在本集体经济组织所有的集体土地或者承包土地上投资兴建水工程设施的，按照谁投资建设谁管理和谁受益的原则，对水工程设施及其蓄水进行管理和合理使用。

农村集体经济组织修建水库应当经县级以上地方人民政府水行政主管部门批准。

第二十六条 国家鼓励开发、利用水能资源。在水能丰富的河流，应当有计划地进行多目标梯级开发。

建设水力发电站，应当保护生态环境，兼顾防洪、供水、灌溉、航运、竹木流放和渔业等方面的需要。

第二十七条 国家鼓励开发、利用水运资源。在水生生物洄游通道、通航或者竹木流放的河流上修建永久性拦河闸坝，建设单位应当同时修建过鱼、过船、过木设施，或者经国务院授权的部门批准采取其他补救措施，并妥善安排施工和蓄水期间的水生生物保护、航运和竹木流放，所需费用由建设单位承担。

在不通航的河流或者人工水道上修建闸坝后可以通航的，闸坝建设单位应当同时修建过船设施或者预留过船设施位置。

第二十八条 任何单位和个人引水、截（蓄）水、排水，不得损害公共利益和他人的合法权益。

第二十九条 国家对水工程建设移民实行开发性移民的方针，按照前期补偿、补助与后期扶持相结合的原则，妥善安排移民的生产和生活，保护移民的合法权益。

移民安置应当与工程建设同步进行。建设单位应当根据安置地区的环境容量和可持续发展的原则，因地制宜，编制移民安置规划，经依法批准后，由有关地方人民政府组织实施。所需移民经费列入工程建设投资计划。

第四章 水资源、水域和水工程的保护

第三十条 县级以上人民政府水行政主管部门、流域管理机构以及其他有关部门在制定水资源开发、利用规划和调度水资源时，应当注意维持江河的合理流量和湖泊、水库以及地下水的合理水位，维护水体的自然净化能力。

第三十一条 从事水资源开发、利用、节约、保护和防治水害等水事活动，应当遵守经批准的规划；因违反规划造成江河和湖泊水域使用功能降低、地下水超采、地面沉降、水体污染的，应当承担治理责任。

开采矿藏或者建设地下工程，因疏干排水导致地下水水位下降、水源枯竭或者地面塌陷，采矿单位或者建设单位应当采取补救措施；对他人生活和生产造成损失的，依法给予补偿。

第三十二条 国务院水行政主管部门会同国务院环境保护行政主管部门、有关部门和有关省、自治区、直辖市人民政府，按照流域综合规划、水资源保护规划和经济社会发展要求，拟定国家确定的重要江河、湖泊的水功能区划，报国务院批准。跨省、自治区、直辖市的其他江河、湖泊的水功能区划，由有关流域管理机构会同江河、湖泊所在地的省、自治区、直辖市人民政府水行政主管部门、环境保护行政主管部门和其他有关部门拟定，分别经有关省、自治区、直辖市人民政府审查提出意见后，由国务院水行政主管部门会同国务院环境保护行政主管部门审核，报国务院或者其授权的部门批准。

前款规定以外的其他江河、湖泊的水功能区划，由县级以上地方人民政府水行政主管部门会同同级人民政府环境保护行政主管部门和有关部门拟定，报同级人民政府或者其授权的部门批准，并报上一级水行政主管部门和环境保护行政主管部门备案。

县级以上人民政府水行政主管部门或者流域管理机构应当按照水功能区对水质的要求和水体的自然净化能力，核定该水域的纳污能力，向环境保护行政主管部门提出该水域的限制排污总量意见。

县级以上地方人民政府水行政主管部门和流域管理机构应当对水功能区的水质状况进行监测，发现重点污染物排放总量超过控制指标的，或者水功能区的水质未达到水域使用功能对水质的要求的，应当及时报告有关人民政府采取治理措施，并向环境保护行政主管部门通报。

第三十三条 国家建立饮用水水源保护区制度。省、自治区、直辖市人民政府应当划定饮用水水源保护区，并采取措施，防止水源枯竭和水体污染，保证城乡居民饮用水安全。

第三十四条 禁止在饮用水水源保护区内设置排污口。

在江河、湖泊新建、改建或者扩大排污口，应当经过有管辖权的水行政主管部门或者流域管理机构同意，由环境保护行政主管部门负责对该建设项目的环境影响报告书进行审批。

第三十五条 从事工程建设，占用农业灌溉水源、灌排工程设施，或者对原有灌溉用水、供水水源有不利影响的，建设单位应当采取相应的补救措施；造成损失的，依法给予补偿。

第三十六条 在地下水超采地区，县级以上地方人民政府应当采取措施，严格控制开采地下水。在地下水严重超采地区，经省、自治区、直辖市人民政府批准，可以划定地下水禁止开采或者限制开采区。在沿海地区开采地下水，应当经过科学论证，并采取措施，防止地面沉降和海水入侵。

第三十七条 禁止在江河、湖泊、水库、运河、渠道内弃置、堆放阻碍行洪的物体和种植阻碍行洪的林木及高秆作物。

禁止在河道管理范围内建设妨碍行洪的建筑物、构筑物以及从事影响河势稳定、危害河岸堤防安全和其他妨碍河道行洪的活动。

第三十八条 在河道管理范围内建设桥梁、码头和其他拦河、跨河、临河建筑物、构筑物，铺设跨河管道、电缆，应当符合国家规定的防洪标准和其他有关的技术要求，工程建设方案应当依照防洪法的有关规定报经有关水行政主管部门审查同意。

因建设前款工程设施，需要扩建、改建、拆除或者损坏原有水工程设施的，建设单位应当负担扩建、改建的费用和损失补偿。但是，原有工程设施属于违法工程的除外。

第三十九条 国家实行河道采砂许可制度。河道采砂许可制度实施办法，由国务院规定。

在河道管理范围内采砂，影响河势稳定或者危及堤防安全的，有关县级以上人民政府水行政主管部门应当划定禁采区和规定禁采期，并予以公告。

第四十条 禁止围湖造地。已经围垦的，应当按照国家规定的防洪标准有计划地退地还湖。

禁止围垦河道。确需围垦的，应当经过科学论证，经省、自治区、直辖市人民政府水行政主管部门或者国务院水行政主管部门同意后，报本级人民政府批准。

第四十一条 单位和个人有保护水工程的义务，不得侵占、毁坏堤防、护岸、防汛、水文监测、水文地质监测等工程设施。

第四十二条 县级以上地方人民政府应当采取措施，保障本行政区域内水工程，特别是水坝和堤防的安全，限期消除险情。水行政主管部门应当加强对水工程安全的监督管理。

第四十三条 国家对水工程实施保护。国家所有的水工程应当按照国务院的规定划定工程管理和保护范围。

国务院水行政主管部门或者流域管理机构管理的水工程，由主管部门或者流域管理机构商有关省、自治区、直辖市人民政府划定工程管理和保护范围。

前款规定以外的其他水工程，应当按照省、自治区、直辖市人民政府的规定，划定工程保护范围和保护职责。

在水工程保护范围内，禁止从事影响水工程运行和危害水工程安全的爆破、打井、采石、取土等活动。

第五章　水资源配置和节约使用

第四十四条　国务院发展计划主管部门和国务院水行政主管部门负责全国水资源的宏观调配。全国的和跨省、自治区、直辖市的水中长期供求规划，由国务院水行政主管部门会同有关部门制订，经国务院发展计划主管部门审查批准后执行。地方的水中长期供求规划，由县级以上地方人民政府水行政主管部门会同同级有关部门依据上一级水中长期供求规划和本地区的实际情况制订，经本级人民政府发展计划主管部门审查批准后执行。

水中长期供求规划应当依据水的供求现状、国民经济和社会发展规划、流域规划、区域规划，按照水资源供需协调、综合平衡、保护生态、厉行节约、合理开源的原则制定。

第四十五条　调蓄径流和分配水量，应当依据流域规划和水中长期供求规划，以流域为单元制定水量分配方案。

跨省、自治区、直辖市的水量分配方案和旱情紧急情况下的水量调度预案，由流域管理机构商有关省、自治区、直辖市人民政府制订，报国务院或者其授权的部门批准后执行。其他跨行政区域的水量分配方案和旱情紧急情况下的水量调度预案，由共同的上一级人民政府水行政主管部门商有关地方人民政府制订，报本级人民政府批准后执行。

水量分配方案和旱情紧急情况下的水量调度预案经批准后，有关地方人民政府必须执行。

在不同行政区域之间的边界河流上建设水资源开发、利用项目，应当符合该流域经批准的水量分配方案，由有关县级以上地方人民政府报共同的上一级人民政府水行政主管部门或者有关流域管理机构批准。

第四十六条 县级以上地方人民政府水行政主管部门或者流域管理机构应当根据批准的水量分配方案和年度预测来水量，制定年度水量分配方案和调度计划，实施水量统一调度；有关地方人民政府必须服从。

国家确定的重要江河、湖泊的年度水量分配方案，应当纳入国家的国民经济和社会发展年度计划。

第四十七条 国家对用水实行总量控制和定额管理相结合的制度。

省、自治区、直辖市人民政府有关行业主管部门应当制订本行政区域内行业用水定额，报同级水行政主管部门和质量监督检验行政主管部门审核同意后，由省、自治区、直辖市人民政府公布，并报国务院水行政主管部门和国务院质量监督检验行政主管部门备案。

县级以上地方人民政府发展计划主管部门会同同级水行政主管部门，根据用水定额、经济技术条件以及水量分配方案确定的可供本行政区域使用的水量，制定年度用水计划，对本行政区域内的年度用水实行总量控制。

第四十八条 直接从江河、湖泊或者地下取用水资源的单位和个人，应当按照国家取水许可制度和水资源有偿使用制度的规定，向水行政主管部门或者流域管理机构申请领取取水许可证，并缴纳水资源费，取得取水权。但是，家庭生活和零星散养、圈养畜禽饮用等少量取水的除外。

实施取水许可制度和征收管理水资源费的具体办法，由国务院规定。

第四十九条 用水应当计量，并按照批准的用水计划用水。

用水实行计量收费和超定额累进加价制度。

第五十条 各级人民政府应当推行节水灌溉方式和节水技术，对农业蓄水、输水工程采取必要的防渗漏措施，提高农业用水效率。

第五十一条 工业用水应当采用先进技术、工艺和设备，增加循环用水次数，提高水的重复利用率。

国家逐步淘汰落后的、耗水量高的工艺、设备和产品，具体名录由国务院经济综合主管部门会同国务院水行政主管部门和有关部门制定并公布。生产者、销售者或者生产经营中的使用者应当在规定的时间内停止生产、销售或者使用列入名录的工艺、设备和产品。

第五十二条 城市人民政府应当因地制宜采取有效措施，推广节水型生活用水器具，降低城市供水管网漏失率，提高生活用水效率；加强城市污水集中处理，鼓励使用再生水，提高污水再生利用率。

第五十三条 新建、扩建、改建建设项目，应当制订节水措施方案，配套建设节水设施。节水设施应当与主体工程同时设计、同时施工、同时投产。

供水企业和自建供水设施的单位应当加强供水设施的维护管理，减少水的漏失。

第五十四条 各级人民政府应当积极采取措施，改善城乡居民的饮用水条件。

第五十五条 使用水工程供应的水，应当按照国家规定向供水单位缴纳水费。供水价格应当按照补偿成本、合理收益、优质优价、公平负担的原则确定。具体办法由省级以上人民政府价格主管部门会同同级水行政主管部门或者其他供水行政主管部门依据职权制定。

第六章　水事纠纷处理与执法监督检查

第五十六条　不同行政区域之间发生水事纠纷的，应当协商处理；协商不成的，由上一级人民政府裁决，有关各方必须遵照执行。在水事纠纷解决前，未经各方达成协议或者共同的上一级人民政府批准，在行政区域交界线两侧一定范围内，任何一方不得修建排水、阻水、取水和截（蓄）水工程，不得单方面改变水的现状。

第五十七条　单位之间、个人之间、单位与个人之间发生的水事纠纷，应当协商解决；当事人不愿协商或者协商不成的，可以申请县级以上地方人民政府或者其授权的部门调解，也可以直接向人民法院提起民事诉讼。县级以上地方人民政府或者其授权的部门调解不成的，当事人可以向人民法院提起民事诉讼。

在水事纠纷解决前，当事人不得单方面改变现状。

第五十八条　县级以上人民政府或者其授权的部门在处理水事纠纷时，有权采取临时处置措施，有关各方或者当事人必须服从。

第五十九条　县级以上人民政府水行政主管部门和流域管理机构应当对违反本法的行为加强监督检查并依法进行查处。

水政监督检查人员应当忠于职守，秉公执法。

第六十条　县级以上人民政府水行政主管部门、流域管理机构及其水政监督检查人员履行本法规定的监督检查职责时，有权采取下列措施：

（一）要求被检查单位提供有关文件、证照、资料；

（二）要求被检查单位就执行本法的有关问题作出说明；

（三）进入被检查单位的生产场所进行调查；

（四）责令被检查单位停止违反本法的行为，履行法定义务。

第六十一条　有关单位或者个人对水政监督检查人员的监督检查

工作应当给予配合，不得拒绝或者阻碍水政监督检查人员依法执行职务。

第六十二条 水政监督检查人员在履行监督检查职责时，应当向被检查单位或者个人出示执法证件。

第六十三条 县级以上人民政府或者上级水行政主管部门发现本级或者下级水行政主管部门在监督检查工作中有违法或者失职行为的，应当责令其限期改正。

第七章 法律责任

第六十四条 水行政主管部门或者其他有关部门以及水工程管理单位及其工作人员，利用职务上的便利收取他人财物、其他好处或者玩忽职守，对不符合法定条 件的单位或者个人核发许可证、签署审查同意意见，不按照水量分配方案分配水量，不按照国家有关规定收取水资源费，不履行监督职责，或者发现违法行为不予查处，造成严重后果，构成犯罪的，对负有责任的主管人员和其他直接责任人员依照刑法的有关规定追究刑事责任；尚不够刑事处罚的，依法给予行政处分。

第六十五条 在河道管理范围内建设妨碍行洪的建筑物、构筑物，或者从事影响河势稳定、危害河岸堤防安全和其他妨碍河道行洪的活动的，由县级以上人民政府水行政主管部门或者流域管理机构依据职权，责令停止违法行为，限期拆除违法建筑物、构筑物，恢复原状；逾期不拆除、不恢复原状的，强行拆除，所需费用由违法单位或者个人负担，并处一万元以上十万元以下的罚款。

未经水行政主管部门或者流域管理机构同意，擅自修建水工程，或者建设桥梁、码头和其他拦河、跨河、临河建筑物、构筑物，铺设跨河管道、电缆，且防洪法未作规定的，由县级以上人民政府水行政主管部门或者流域管理机构依据职权，责令停止违法行为，限期补办有关手续；逾期不补办或者补办未被批准的，责令限期拆除违法建筑物、构筑物；逾期不拆除的，强行拆除，所需费用由违法单位或者个人负担，并处一万元以上十万元以下的罚款。

虽经水行政主管部门或者流域管理机构同意，但未按照要求修建前款所列工程设施的，由县级以上人民政府水行政主管部门或者流域管理机构依据职权，责令限期改正，按照情节轻重，处一万元以上十万元以下的罚款。

第六十六条　有下列行为之一，且防洪法未作规定的，由县级以上人民政府水行政主管部门或者流域管理机构依据职权，责令停止违法行为，限期清除障碍或者采取其他补救措施，处一万元以上五万元以下的罚款：

（一）在江河、湖泊、水库、运河、渠道内弃置、堆放阻碍行洪的物体和种植阻碍行洪的林木及高秆作物的；

（二）围湖造地或者未经批准围垦河道的。

第六十七条　在饮用水水源保护区内设置排污口的，由县级以上地方人民政府责令限期拆除、恢复原状；逾期不拆除、不恢复原状的，强行拆除、恢复原状，并处五万元以上十万元以下的罚款。

未经水行政主管部门或者流域管理机构审查同意，擅自在江河、湖泊新建、改建或者扩大排污口的，由县级以上人民政府水行政主管部门或者流域管理机构依据职权，责令停止违法行为，限期恢复原状，处五万元以上十万元以下的罚款。

第六十八条　生产、销售或者在生产经营中使用国家明令淘汰的落后的、耗水量高的工艺、设备和产品的，由县级以上地方人民政府经济综合主管部门责令停止生产、销售或者使用，处二万元以上十万元以下的罚款。

第六十九条 有下列行为之一的，由县级以上人民政府水行政主管部门或者流域管理机构依据职权，责令停止违法行为，限期采取补救措施，处二万元以上十万元以下的罚款；情节严重的，吊销其取水许可证：

（一）未经批准擅自取水的；

（二）未依照批准的取水许可规定条件取水的。

第七十条 拒不缴纳、拖延缴纳或者拖欠水资源费的，由县级以上人民政府水行政主管部门或者流域管理机构依据职权，责令限期缴纳；逾期不缴纳的，从滞纳之日起按日加收滞纳部分千分之二的滞纳金，并处应缴或者补缴水资源费一倍以上五倍以下的罚款。

第七十一条 建设项目的节水设施没有建成或者没有达到国家规定的要求，擅自投入使用的，由县级以上人民政府有关部门或者流域管理机构依据职权，责令停止使用，限期改正，处五万元以上十万元以下的罚款。

第七十二条 有下列行为之一，构成犯罪的，依照刑法的有关规定追究刑事责任；尚不够刑事处罚，且防洪法未作规定的，由县级以上地方人民政府水行政主管部门或者流域管理机构依据职权，责令停止违法行为，采取补救措施，处一万元以上五万元以下的罚款；违反治安管理处罚法的，由公安机关依法给予治安管理处罚；给他人造成损失的，依法承担赔偿责任：

（一）侵占、毁坏水工程及堤防、护岸等有关设施，毁坏防汛、水文监测、水文地质监测设施的；

（二）在水工程保护范围内，从事影响水工程运行和危害水工程安全的爆破、打井、采石、取土等活动的。

第七十三条 侵占、盗窃或者抢夺防汛物资，防洪排涝、农田水利、水文监测和测量以及其他水工程设备和器材，贪污或者挪用国家救灾、抢险、防汛、移民安置和补偿及其他水利建设款物，构成犯罪的，依照刑法的有关规定追究刑事责任。

第七十四条　在水事纠纷发生及其处理过程中煽动闹事、结伙斗殴、抢夺或者损坏公私财物、非法限制他人人身自由，构成犯罪的，依照刑法的有关规定追究刑事责任；尚不够刑事处罚的，由公安机关依法给予治安管理处罚。

第七十五条　不同行政区域之间发生水事纠纷，有下列行为之一的，对负有责任的主管人员和其他直接责任人员依法给予行政处分：

（一）拒不执行水量分配方案和水量调度预案的；

（二）拒不服从水量统一调度的；

（三）拒不执行上一级人民政府的裁决的；

（四）在水事纠纷解决前，未经各方达成协议或者上一级人民政府批准，单方面违反本法规定改变水的现状的。

第七十六条　引水、截（蓄）水、排水，损害公共利益或者他人合法权益的，依法承担民事责任。

第七十七条　对违反本法第三十九条有关河道采砂许可制度规定的行政处罚，由国务院规定。

第八章　附　则

第七十八条　中华人民共和国缔结或者参加的与国际或者国境边界河流、湖泊有关的国际条约、协定与中华人民共和国法律有不同规定的，适用国际条约、协定的规定。但是，中华人民共和国声明保留的条款除外。

第七十九条　本法所称水工程，是指在江河、湖泊和地下水源上开发、利用、控制、调配和保护水资源的各类工程。

第八十条 海水的开发、利用、保护和管理，依照有关法律的规定执行。

第八十一条 从事防洪活动，依照防洪法的规定执行。

水污染防治，依照水污染防治法的规定执行。

第八十二条 本法自 2002 年 10 月 1 日起施行。

中华人民共和国防汛条例

（1991 年 6 月 28 日国务院第 87 次常务会议通过，1991 年 7 月 2 日中华人民共和国国务院令第 86 号公布　根据 2005 年 7 月 15 日中华人民共和国国务院令第 441 号公布，自公布之日起施行的《国务院关于修改〈中华人民共和国防汛条例〉的决定》第一次修正　根据 2010 年 12 月 29 日国务院第 138 次常务会议通过，2011 年 1 月 8 日中华人民共和国国务院令第 588 号公布，自公布之日起施行的《国务院关于废止和修改部分行政法规的决定》第二次修正）

第一章　总　则

第一条　为了做好防汛抗洪工作，保障人民生命财产安全和经济建设的顺利进行，根据《中华人民共和国水法》，制定本条例。

第二条　在中华人民共和国境内进行防汛抗洪活动，适用本条例。

第三条　防汛工作实行“安全第一，常备不懈，以防为主，全力抢险”的方针，遵循团结协作和局部利益服从全局利益的原则。

第四条　防汛工作实行各级人民政府行政首长负责制，实行统一指挥，分级分部门负责。各有关部门实行防汛岗位责任制。

第五条　任何单位和个人都有参加防汛抗洪的义务。

中国人民解放军和武装警察部队是防汛抗洪的重要力量。

第二章　防汛组织

第六条　国务院设立国家防汛总指挥部，负责组织领导全国的防汛抗洪工作，其办事机构设在国务院水行政主管部门。

长江和黄河，可以设立由有关省、自治区、直辖市人民政府和该江河的流域管理机构（以下简称流域机构）负责人等组成的防汛指挥机构，负责指挥所辖范围的防汛抗洪工作，其办事机构设在流域机构。长江和黄河的重大防汛抗洪事项须经国家防汛总指挥部批准后执行。

国务院水行政主管部门所属的淮河、海河、珠江、松花江、辽河、太湖等流域机构，设立防汛办事机构，负责协调本流域的防汛日常工作。

第七条 有防汛任务的县级以上地方人民政府设立防汛指挥部，由有关部门、当地驻军、人民武装部负责人组成，由各级人民政府首长担任指挥。各级人民政府防汛指挥部在上级人民政府防汛指挥部和同级人民政府的领导下，执行上级防汛指令，制定各项防汛抗洪措施，统一指挥本地区的防汛抗洪工作。

各级人民政府防汛指挥部办事机构设在同级水行政主管部门；城市市区的防汛指挥部办事机构也可以设在城建主管部门，负责管理所辖范围的防汛日常工作。

第八条 石油、电力、邮电、铁路、公路、航运、工矿以及商业、物资等有防汛任务的部门和单位，汛期应当设立防汛机构，在有管辖权的人民政府防汛指挥部统一领导下，负责做好本行业和本单位的防汛工作。

第九条 河道管理机构、水利水电工程管理单位和江河沿岸在建工程的建设单位，必须加强对所辖水工程设施的管理维护，保证其安全正常运行，组织和参加防汛抗洪工作。

第十条 有防汛任务的地方人民政府应当组织以民兵为骨干的群众性防汛队伍，并责成有关部门将防汛队伍组成人员登记造册，明确各自的任务和责任。

河道管理机构和其他防洪工程管理单位可以结合平时的管理任务，

组织本单位的防汛抢险队伍，作为紧急抢险的骨干力量。

第三章　防汛准备

第十一条　有防汛任务的县级以上人民政府，应当根据流域综合规划、防洪工程实际状况和国家规定的防洪标准，制定防御洪水方案（包括对特大洪水的处置措施）。

长江、黄河、淮河、海河的防御洪水方案，由国家防汛总指挥部制定，报国务院批准后施行；跨省、自治区、直辖市的其他江河的防御洪水方案，有关省、自治区、直辖市人民政府制定后，经有管辖权的流域机构审查同意，由省、自治区、直辖市人民政府报国务院或其授权的机构批准后施行。

有防汛抗洪任务的城市人民政府，应当根据流域综合规划和江河的防御洪水方案，制定本城市的防御洪水方案，报上级人民政府或其授权的机构批准后施行。 防御洪水方案经批准后，有关地方人民政府必须执行。

第十二条　有防汛任务的地方，应当根据经批准的防御洪水方案制定洪水调度方案。长江、黄河、淮河、海河（海河流域的永定河、大清河、漳卫南运河和北三河）、松花江、辽河、珠江和太湖流域的洪水调度方案，由有关流域机构会同有关省、自治区、直辖市人民政府制定，报国家防汛总指挥部批准。跨省、自治区、直辖市的其他江河的洪水调度方案，由有关流域机构会同有关省、自治区、直辖市人民政府制定，报流域防汛指挥机构批准；没有设立流域防汛指挥机构的，报国家防汛总指挥部批准。其他江河的洪水调度方案，由有管辖权的水行政主管部门会同有关地方人民政府制定，报有管辖权的防汛指挥机构批准。

洪水调度方案经批准后，有关地方人民政府必须执行。修改洪水调度方案，应当报经原批准机关批准。

第十三条 有防汛抗洪任务的企业应当根据所在流域或者地区经批准的防御洪水方案和洪水调度方案，规定本企业的防汛抗洪措施，在征得其所在地县级人民政府水行政主管部门同意后，由有管辖权的防汛指挥机构监督实施。

第十四条 水库、水电站、拦河闸坝等工程的管理部门，应当根据工程规划设计、经批准的防御洪水方案和洪水调度方案以及工程实际状况，在兴利服从防洪，保证安全的前提下，制定汛期调度运用计划，经上级主管部门审查批准后，报有管辖权的人民政府防汛指挥部备案，并接受其监督。

经国家防汛总指挥部认定的对防汛抗洪关系重大的水电站，其防洪库容的汛期调度运用计划经上级主管部门审查同意后，须经有管辖权的人民政府防汛指挥部批准。

汛期调度运用计划经批准后，由水库、水电站、拦河闸坝等工程的管理部门负责执行。

有防凌任务的江河，其上游水库在凌汛期间的下泄水量，必须征得有管辖权的人民政府防汛指挥部的同意，并接受其监督。

第十五条 各级防汛指挥部应当在汛前对各类防洪设施组织检查，发现影响防洪安全的问题，责成责任单位在规定的期限内处理，不得贻误防汛抗洪工作。

各有关部门和单位按照防汛指挥部的统一部署，对所管辖的防洪工程设施进行汛前检查后，必须将影响防洪安全的问题和处理措施报有管辖权的防汛指挥部和上级主管部门，并按照该防汛指挥部的要求予以处理。

第十六条 关于河道清障和对壅水、阻水严重的桥梁、引道、码头和其他跨河工程设施的改建或者拆除，按照《中华人民共和国河道管理条例》的规定执行。

第十七条 蓄滞洪区所在地的省级人民政府应当按照国务院的有关规定，组织有关部门和市、县，制定所管辖的蓄滞洪区的安全与建设规划，并予实施。

各级地方人民政府必须对所管辖的蓄滞洪区的通信、预报警报、避洪、撤退道路等安全设施，以及紧急撤离和救生的准备工作进行汛前检查，发现影响安全的问题，及时处理。

第十八条 山洪、泥石流易发地区，当地有关部门应当指定预防监测员及时监测。雨季到来之前，当地人民政府防汛指挥部应当组织有关单位进行安全检查，对险情征兆明显的地区，应当及时把群众撤离险区。

风暴潮易发地区，当地有关部门应当加强对水库、海堤、闸坝、高压电线等设施和房屋的安全检查，发现影响安全的问题，及时处理。

第十九条 地区之间在防汛抗洪方面发生的水事纠纷，由发生纠纷地区共同的上一级人民政府或其授权的主管部门处理。

前款所指人民政府或者部门在处理防汛抗洪方面的水事纠纷时，有权采取临时紧急处置措施，有关当事各方必须服从并贯彻执行。

第二十条 有防汛任务的地方人民政府应当建设和完善江河堤防、水库、蓄滞洪区等防洪设施，以及该地区的防汛通信、预报警报系统。

第二十一条 各级防汛指挥部应当储备一定数量的防汛抢险物资，由商业、供销、物资部门代储的，可以支付适当的保管费。受洪水威胁的单位和群众应当储备一定的防汛抢险物料。

防汛抢险所需的主要物资，由计划主管部门在年度计划中予以安排。

第二十二条 各级人民政府防汛指挥部汛前应当向有关单位和当

地驻军介绍防御洪水方案，组织交流防汛抢险经验。有关方面汛期应当及时通报水情。

第四章　防汛与抢险

第二十三条　省级人民政府防汛指挥部，可以根据当地的洪水规律，规定汛期起止日期。当江河、湖泊、水库的水情接近保证水位或者安全流量时，或者防洪工程设施发生重大险情，情况紧急时，县级以上地方人民政府可以宣布进入紧急防汛期，并报告上级人民政府防汛指挥部。

第二十四条　防汛期内，各级防汛指挥部必须有负责人主持工作。有关责任人员必须坚守岗位，及时掌握汛情，并按照防御洪水方案和汛期调度运用计划进行调度。

第二十五条　在汛期，水利、电力、气象、海洋、农林等部门的水文站、雨量站，必须及时准确地向各级防汛指挥部提供实时水文信息；气象部门必须及时向各级防汛指挥部提供有关天气预报和实时气象信息；水文部门必须及时向各级防汛指挥部提供有关水文预报；海洋部门必须及时向沿海地区防汛指挥部提供风暴潮预报。

第二十六条　在汛期，河道、水库、闸坝、水运设施等水工程管理单位及其主管部门在执行汛期调度运用计划时，必须服从有管辖权的人民政府防汛指挥部的统一调度指挥或者监督。

在汛期，以发电为主的水库，其汛限水位以上的防洪库容以及洪水调度运用必须服从有管辖权的人民政府防汛指挥部的统一调度指挥。

第二十七条　在汛期，河道、水库、水电站、闸坝等水工程管理单位必须按照规定对水工程进行巡查，发现险情，必须立即采取抢护措施，并及时向防汛指挥部和上级主管部门报告。其他任何单位和个人发现水工程设施出现险情，应当立即向防汛指挥部和水工程管理单位报告。

第二十八条 在汛期，公路、铁路、航运、民航等部门应当及时运送防汛抢险人员和物资；电力部门应当保证防汛用电。

第二十九条 在汛期，电力调度通信设施必须服从防汛工作需要；邮电部门必须保证汛情和防汛指令的及时、准确传递，电视、广播、公路、铁路、航运、民航、公安、林业、石油等部门应当运用本部门的通信工具优先为防汛抗洪服务。

电视、广播、新闻单位应当根据人民政府防汛指挥部提供的汛情，及时向公众发布防汛信息。

第三十条 在紧急防汛期，地方人民政府防汛指挥部必须由人民政府负责人主持工作，组织动员本地区各有关单位和个人投入抗洪抢险。所有单位和个人必须听从指挥，承担人民政府防汛指挥部分配的抗洪抢险任务。

第三十一条 在紧急防汛期，公安部门应当按照人民政府防汛指挥部的要求，加强治安管理和安全保卫工作。必要时须由有关部门依法实行陆地和水面交通管制。

第三十二条 在紧急防汛期，为了防汛抢险需要，防汛指挥部有权在其管辖范围内，调用物资、设备、交通运输工具和人力，事后应当及时归还或者给予适当补偿。因抢险需要取土占地、砍伐林木、清除阻水障碍物的，任何单位和个人不得阻拦。

前款所指取土占地、砍伐林木的，事后应当依法向有关部门补办手续。

第三十三条 当河道水位或者流量达到规定的分洪、滞洪标准时，有管辖权的人民政府防汛指挥部有权根据经批准的分洪、滞洪方案，采取分洪、滞洪措施。采取上述措施对毗邻地区有危害的，须经有管辖权的上级防汛指挥机构批准，并事先通知有关地区。

在非常情况下，为保护国家确定的重点地区和大局安全，必须作出局部牺牲时，在报经有管辖权的上级人民政府防汛指挥部批准后，当地人民政府防汛指挥部可以采取非常紧急措施。

实施上述措施时，任何单位和个人不得阻拦，如遇到阻拦和拖延时，有管辖权的人民政府有权组织强制实施。

第三十四条 当洪水威胁群众安全时，当地人民政府应当及时组织群众撤离至安全地带，并做好生活安排。

第三十五条 按照水的天然流势或者防洪、排涝工程的设计标准，或者经批准的运行方案下泄的洪水，下游地区不得设障阻水或者缩小河道的过水能力；上游地区不得擅自增大下泄流量。

未经有管辖权的人民政府或其授权的部门批准，任何单位和个人不得改变江河河势的自然控制点。

第五章 善后工作

第三十六条 在发生洪水灾害的地区，物资、商业、供销、农业、公路、铁路、航运、民航等部门应当做好抢险救灾物资的供应和运输；民政、卫生、教育等部门应当做好灾区群众的生活供给、医疗防疫、学校复课以及恢复生产等救灾工作；水利、电力、邮电、公路等部门应当做好所管辖的水毁工程的修复工作。

第三十七条 地方各级人民政府防汛指挥部，应当按照国家统计部门批准的洪涝灾害统计报表的要求，核实和统计所管辖范围的洪涝灾情，报上级主管部门和同级统计部门，有关单位和个人不得虚报、瞒报、伪造、篡改。

第三十八条 洪水灾害发生后，各级人民政府防汛指挥部应当积极组织和帮助灾区群众恢复和发展生产。修复水毁工程所需费用，应当优先列入有关主管部门年度建设计划。

第六章　防汛经费

第三十九条　由财政部门安排的防汛经费，按照分级管理的原则，分别列入中央财政和地方财政预算。

在汛期，有防汛任务的地区的单位和个人应当承担一定的防汛抢险的劳务和费用，具体办法由省、自治区、直辖市人民政府制定。

第四十条　防御特大洪水的经费管理，按照有关规定执行。

第四十一条　对蓄滞洪区，逐步推行洪水保险制度，具体办法另行制定。

第七章　奖励与处罚

第四十二条　有下列事迹之一的单位和个人，可以由县级以上人民政府给予表彰或者奖励：

（一）在执行抗洪抢险任务时，组织严密，指挥得当，防守得力，奋力抢险，出色完成任务者；

（二）坚持巡堤查险，遇到险情及时报告，奋力抗洪抢险，成绩显著者；

（三）在危险关头，组织群众保护国家和人民财产，抢救群众有功者；

（四）为防汛调度、抗洪抢险献计献策，效益显著者；

（五）气象、雨情、水情测报和预报准确及时，情报传递迅速，克服困难，抢测洪水，因而减轻重大洪水灾害者；

（六）及时供应防汛物料和工具，爱护防汛器材，节约经费开支，完成防汛抢险任务成绩显著者；

（七）有其他特殊贡献，成绩显著者。

第四十三条 有下列行为之一者，视情节和危害后果，由其所在单位或者上级主管机关给予行政处分；应当给予治安管理处罚的，依照《中华人民共和国治安管理处罚法》的规定处罚；构成犯罪的，依法追究刑事责任：

（一）拒不执行经批准的防御洪水方案、洪水调度方案，或者拒不执行有管辖权的防汛指挥机构的防汛调度方案或者防汛抢险指令的；

（二）玩忽职守，或者在防汛抢险的紧要关头临阵逃脱的；

（三）非法扒口决堤或者开闸的；

（四）挪用、盗窃、贪污防汛或者救灾的钱款或者物资的；

（五）阻碍防汛指挥机构工作人员依法执行职务的；

（六）盗窃、毁损或者破坏堤防、护岸、闸坝等水工程建筑物和防汛工程设施以及水文监测、测量设施、气象测报设施、河岸地质监测设施、通信照明设施的；

（七）其他危害防汛抢险工作的。

第四十四条 违反河道和水库大坝的安全管理，依照《中华人民共和国河道管理条例》和《水库大坝安全管理条例》的有关规定处理。

第四十五条 虚报、瞒报洪涝灾情，或者伪造、篡改洪涝灾害统计资料的，依照《中华人民共和国统计法》及其实施细则的有关规定处理。

第四十六条 当事人对行政处罚不服的，可以在接到处罚通知之日起 15 日内，向作出处罚决定机关的上一级机关申请复议；对复议决定不服的，可以在接到复议决定之日起 15 日内，向人民法院起诉。当事人也可以在接到处罚通知之日起 15 日内，直接向人民法院起诉。

当事人逾期不申请复议或者不向人民法院起诉，又不履行处罚决定的，由作出处罚决定的机关申请人民法院强制执行；在汛期，也可以由作出处罚决定的机关强制执行；对治安管理处罚不服的，依照《中华人民共和国治安管理处罚法》的规定办理。

当事人在申请复议或者诉讼期间，不停止行政处罚决定的执行。

第八章　附　则

第四十七条　省、自治区、直辖市人民政府，可以根据本条例的规定，结合本地区的实际情况，制定实施细则。

第四十八条　本条例由国务院水行政主管部门负责解释。

第四十九条　本条例自发布之日起施行。

中华人民共和国抗旱条例

（2009 年 2 月 11 日国务院第 49 次常务会议通过）

第一章　总　则

第一条　为了预防和减轻干旱灾害及其造成的损失，保障生活用水，协调生产、生态用水，促进经济社会全面、协调、可持续发展，根据《中华人民共和国水法》，制定本条例。

第二条　在中华人民共和国境内从事预防和减轻干旱灾害的活动，应当遵守本条例。

本条例所称干旱灾害，是指由于降水减少、水工程供水不足引起的用水短缺，并对生活、生产和生态造成危害的事件。

第三条　抗旱工作坚持以人为本、预防为主、防抗结合和因地制宜、统筹兼顾、局部利益服从全局利益的原则。

第四条　县级以上人民政府应当将抗旱工作纳入本级国民经济和社会发展规划，所需经费纳入本级财政预算，保障抗旱工作的正常开展。

第五条　抗旱工作实行各级人民政府行政首长负责制，统一指挥、部门协作、分级负责。

第六条　国家防汛抗旱总指挥部负责组织、领导全国的抗旱工作。

国务院水行政主管部门负责全国抗旱的指导、监督、管理工作，承担国家防汛抗旱总指挥部的具体工作。国家防汛抗旱总指挥部的其他成员单位按照各自职责，负责有关抗旱工作。

第七条　国家确定的重要江河、湖泊的防汛抗旱指挥机构，由有关省、自治区、直辖市人民政府和该江河、湖泊的流域管理机构组成，负责协调所辖范围内的抗旱工作；流域管理机构承担流域防汛抗旱指挥机构的具体工作。

第八条　县级以上地方人民政府防汛抗旱指挥机构，在上级防汛抗旱指挥机构和本级人民政府的领导下，负责组织、指挥本行政区域内的抗旱工作。

县级以上地方人民政府水行政主管部门负责本行政区域内抗旱的指导、监督、管理工作，承担本级人民政府防汛抗旱指挥机构的具体工作。县级以上地方人民政府防汛抗旱指挥机构的其他成员单位按照各自职责，负责有关抗旱工作。

第九条　县级以上人民政府应当加强水利基础设施建设，完善抗旱工程体系，提高抗旱减灾能力。

第十条　各级人民政府、有关部门应当开展抗旱宣传教育活动，增强全社会抗旱减灾意识，鼓励和支持各种抗旱科学技术研究及其成果的推广应用。

第十一条　任何单位和个人都有保护抗旱设施和依法参加抗旱的义务。

第十二条　对在抗旱工作中做出突出贡献的单位和个人，按照国家有关规定给予表彰和奖励。

第二章　旱灾预防

第十三条　县级以上地方人民政府水行政主管部门会同同级有关部门编制本行政区域的抗旱规划，报本级人民政府批准后实施，并抄送上一级人民政府水行政主管部门。

第十四条　编制抗旱规划应当充分考虑本行政区域的国民经济和社会发展水平、水资源综合开发利用情况、干旱规律和特点、可供水资源量和抗旱能力以及城乡居民生活用水、工农业生产和生态用水的需求。

抗旱规划应当与水资源开发利用等规划相衔接。

下级抗旱规划应当与上一级的抗旱规划相协调。

第十五条 抗旱规划应当主要包括抗旱组织体系建设、抗旱应急水源建设、抗旱应急设施建设、抗旱物资储备、抗旱服务组织建设、旱情监测网络建设以及保障措施等。

第十六条 县级以上人民政府应当加强农田水利基础设施建设和农村饮水工程建设，组织做好抗旱应急工程及其配套设施建设和节水改造，提高抗旱供水能力和水资源利用效率。

县级以上人民政府水行政主管部门应当组织做好农田水利基础设施和农村饮水工程的管理和维护，确保其正常运行。

干旱缺水地区的地方人民政府及有关集体经济组织应当因地制宜修建中小微型蓄水、引水、提水工程和雨水集蓄利用工程。

第十七条 国家鼓励和扶持研发、使用抗旱节水机械和装备，推广农田节水技术，支持旱作地区修建抗旱设施，发展旱作节水农业。

国家鼓励、引导、扶持社会组织和个人建设、经营抗旱设施，并保护其合法权益。

第十八条 县级以上地方人民政府应当做好干旱期城乡居民生活供水的应急水源贮备保障工作。

第十九条 干旱灾害频繁发生地区的县级以上地方人民政府，应当根据抗旱工作需要储备必要的抗旱物资，并加强日常管理。

第二十条 县级以上人民政府应当根据水资源和水环境的承载能力，调整、优化经济结构和产业布局，合理配置水资源。

第二十一条 各级人民政府应当开展节约用水宣传教育，推行节约用水措施，推广节约用水新技术、新工艺，建设节水型社会。

第二十二条 县级以上人民政府水行政主管部门应当做好水资源的分配、调度和保护工作，组织建设抗旱应急水源工程和集雨设施。

县级以上人民政府水行政主管部门和其他有关部门应当及时向人民政府防汛抗旱指挥机构提供水情、雨情和墒情信息。

第二十三条 各级气象主管机构应当加强气象科学技术研究，提高气象监测和预报水平，及时向人民政府防汛抗旱指挥机构提供气象干旱及其他与抗旱有关的气象信息。

第二十四条 县级以上人民政府农业主管部门应当做好农用抗旱物资的储备和管理工作，指导干旱地区农业种植结构的调整，培育和推广应用耐旱品种，及时向人民政府防汛抗旱指挥机构提供农业旱情信息。

第二十五条 供水管理部门应当组织有关单位，加强供水管网的建设和维护，提高供水能力，保障居民生活用水，及时向人民政府防汛抗旱指挥机构提供供水、用水信息。

第二十六条 县级以上人民政府应当组织有关部门，充分利用现有资源，建设完善旱情监测网络，加强对干旱灾害的监测。

县级以上人民政府防汛抗旱指挥机构应当组织完善抗旱信息系统，实现成员单位之间的信息共享，为抗旱指挥决策提供依据。

第二十七条 国家防汛抗旱总指挥部组织其成员单位编制国家防汛抗旱预案，经国务院批准后实施。

县级以上地方人民政府防汛抗旱指挥机构组织其成员单位编制抗旱预案，经上一级人民政府防汛抗旱指挥机构审查同意，报本级人民政府批准后实施。

经批准的抗旱预案，有关部门和单位必须执行。修改抗旱预案，应当按照原批准程序报原批准机关批准。

第二十八条 抗旱预案应当包括预案的执行机构以及有关部门的

职责、干旱灾害预警、干旱等级划分和按不同等级采取的应急措施、旱情紧急情况下水量调度预案和保障措施等内容。

干旱灾害按照区域耕地和作物受旱的面积与程度以及因干旱导致饮水困难人口的数量，分为轻度干旱、中度干旱、严重干旱、特大干旱四级。

第二十九条 县级人民政府和乡镇人民政府根据抗旱工作的需要，加强抗旱服务组织的建设。县级以上地方各级人民政府应当加强对抗旱服务组织的扶持。

国家鼓励社会组织和个人兴办抗旱服务组织。

第三十条 各级人民政府应当对抗旱责任制落实、抗旱预案编制、抗旱设施建设和维护、抗旱物资储备等情况加强监督检查，发现问题应当及时处理或者责成有关部门和单位限期处理。

第三十一条 水工程管理单位应当定期对管护范围内的抗旱设施进行检查和维护。

第三十二条 禁止非法引水、截水和侵占、破坏、污染水源。

禁止破坏、侵占、毁损抗旱设施。

第三章 抗旱减灾

第三十三条 发生干旱灾害，县级以上人民政府防汛抗旱指挥机构应当按照抗旱预案规定的权限，启动抗旱预案，组织开展抗旱减灾工作。

第三十四条 发生轻度干旱和中度干旱，县级以上地方人民政府防汛抗旱指挥机构应当按照抗旱预案的规定，采取下列措施：

（一）启用应急备用水源或者应急打井、挖泉；

（二）设置临时抽水泵站，开挖输水渠道或者临时在江河沟渠内截水；

（三）使用再生水、微咸水、海水等非常规水源，组织实施人工增雨；

（四）组织向人畜饮水困难地区送水。

采取前款规定的措施，涉及其他行政区域的，应当报共同的上一级人民政府防汛抗旱指挥机构或者流域防汛抗旱指挥机构批准；涉及其他有关部门的，应当提前通知有关部门。旱情解除后，应当及时拆除临时取水和截水设施，并及时通报有关部门。

第三十五条 发生严重干旱和特大干旱，国家防汛抗旱总指挥部应当启动国家防汛抗旱预案，总指挥部各成员单位应当按照防汛抗旱预案的分工，做好相关工作。

严重干旱和特大干旱发生地的县级以上地方人民政府在防汛抗旱指挥机构采取本条例第三十四条规定的措施外，还可以采取下列措施：

（一）压减供水指标；

（二）限制或者暂停高耗水行业用水；

（三）限制或者暂停排放工业污水；

（四）缩小农业供水范围或者减少农业供水量；

（五）限时或者限量供应城镇居民生活用水。

第三十六条 发生干旱灾害，县级以上地方人民政府应当按照统一调度、保证重点、兼顾一般的原则对水源进行调配，优先保障城乡居民生活用水，合理安排生产和生态用水。

第三十七条 发生干旱灾害，县级以上人民政府防汛抗旱指挥机构或者流域防汛抗旱指挥机构可以按照批准的抗旱预案，制订应急水量调度实施方案，统一调度辖区内的水库、水电站、闸坝、湖泊等所蓄的水量。有关地方人民政府、单位和个人必须服从统一调度和指挥，严格执行调度指令。

第三十八条 发生干旱灾害，县级以上地方人民政府防汛抗旱指挥机构应当及时组织抗旱服务组织，解决农村人畜饮水困难，提供抗旱技术咨询等方面的服务。

第三十九条 发生干旱灾害，各级气象主管机构应当做好气象干旱监测和预报工作，并适时实施人工增雨作业。

第四十条 发生干旱灾害，县级以上人民政府卫生主管部门应当做好干旱灾害发生地区疾病预防控制、医疗救护和卫生监督执法工作，监督、检测饮用水水源卫生状况，确保饮水卫生安全，防止干旱灾害导致重大传染病疫情的发生。

第四十一条 发生干旱灾害，县级以上人民政府民政部门应当做好干旱灾害的救助工作，妥善安排受灾地区群众基本生活。

第四十二条 干旱灾害发生地区的乡镇人民政府、街道办事处、村民委员会、居民委员会应当组织力量，向村民、居民宣传节水抗旱知识，协助做好抗旱措施的落实工作。

第四十三条 发生干旱灾害，供水企事业单位应当加强对供水、水源和抗旱设施的管理与维护，按要求启用应急备用水源，确保城乡供水安全。

第四十四条 干旱灾害发生地区的单位和个人应当自觉节约用水，服从当地人民政府发布的决定，配合落实人民政府采取的抗旱措施，积极参加抗旱减灾活动。

第四十五条 发生特大干旱，严重危及城乡居民生活、生产用水安全，可能影响社会稳定的，有关省、自治区、直辖市人民政府防汛抗旱指挥机构经本级人民政府批准，可以宣布本辖区内的相关行政区域进入紧急抗旱期，并及时报告国家防汛抗旱总指挥部。

特大干旱旱情缓解后，有关省、自治区、直辖市人民政府防汛抗旱指挥机构应当宣布结束紧急抗旱期，并及时报告国家防汛抗旱总指挥部。

第四十六条 在紧急抗旱期，有关地方人民政府防汛抗旱指挥机构应当组织动员本行政区域内各有关单位和个人投入抗旱工作。所有单位和个人必须服从指挥，承担人民政府防汛抗旱指挥机构分配的抗旱工作任务。

第四十七条 在紧急抗旱期，有关地方人民政府防汛抗旱指挥机构根据抗旱工作的需要，有权在其管辖范围内征用物资、设备、交通运输工具。

第四十八条 县级以上地方人民政府防汛抗旱指挥机构应当组织有关部门，按照干旱灾害统计报表的要求，及时核实和统计所管辖范围内的旱情、干旱灾害和抗旱情况等信息，报上一级人民政府防汛抗旱指挥机构和本级人民政府。

第四十九条 国家建立抗旱信息统一发布制度。旱情由县级以上人民政府防汛抗旱指挥机构统一审核、发布；旱灾由县级以上人民政府水行政主管部门会同同级民政部门审核、发布；农业灾情由县级以上人民政府农业主管部门发布；与抗旱有关的气象信息由气象主管机构发布。

报刊、广播、电视和互联网等媒体，应当及时刊播抗旱信息并标明发布机构名称和发布时间。

第五十条 各级人民政府应当建立和完善与经济社会发展水平以及抗旱减灾要求相适应的资金投入机制，在本级财政预算中安排必要的资金，保障抗旱减灾投入。

第五十一条 因抗旱发生的水事纠纷，依照《中华人民共和国水法》的有关规定处理。

第四章　灾后恢复

第五十二条　旱情缓解后，各级人民政府、有关主管部门应当帮助受灾群众恢复生产和灾后自救。

第五十三条　旱情缓解后，县级以上人民政府水行政主管部门应当对水利工程进行检查评估，并及时组织修复遭受干旱灾害损坏的水利工程；县级以上人民政府有关主管部门应当将遭受干旱灾害损坏的水利工程，优先列入年度修复建设计划。

第五十四条　旱情缓解后，有关地方人民政府防汛抗旱指挥机构应当及时归还紧急抗旱期征用的物资、设备、交通运输工具等，并按照有关法律规定给予补偿。

第五十五条　旱情缓解后，县级以上人民政府防汛抗旱指挥机构应当及时组织有关部门对干旱灾害影响、损失情况以及抗旱工作效果进行分析和评估；有关部门和单位应当予以配合，主动向本级人民政府防汛抗旱指挥机构报告相关情况，不得虚报、瞒报。

县级以上人民政府防汛抗旱指挥机构也可以委托具有灾害评估专业资质的单位进行分析和评估。

第五十六条　抗旱经费和抗旱物资必须专项使用，任何单位和个人不得截留、挤占、挪用和私分。

各级财政和审计部门应当加强对抗旱经费和物资管理的监督、检查和审计。

第五十七条　国家鼓励在易旱地区逐步建立和推行旱灾保险制度。

第五章　法律责任

第五十八条　违反本条例规定，有下列行为之一的，由所在单位或者上级主管机关、监察机关责令改正；对直接负责的主管人员和其他直接责任人员依法给予处分；构成犯罪的，依法追究刑事责任：

（一）拒不承担抗旱救灾任务的；

（二）擅自向社会发布抗旱信息的；

（三）虚报、瞒报旱情、灾情的；

（四）拒不执行抗旱预案或者旱情紧急情况下的水量调度预案以及应急水量调度实施方案的；

（五）旱情解除后，拒不拆除临时取水和截水设施的；

（六）滥用职权、徇私舞弊、玩忽职守的其他行为。

第五十九条　截留、挤占、挪用、私分抗旱经费的，依照有关财政违法行为处罚处分等法律、行政法规的规定处罚；构成犯罪的，依法追究刑事责任。

第六十条　违反本条例规定，水库、水电站、拦河闸坝等工程的管理单位以及其他经营工程设施的经营者拒不服从统一调度和指挥的，由县级以上人民政府水行政主管部门或者流域管理机构责令改正，给予警告；拒不改正的，强制执行，处 1 万元以上 5 万元以下的罚款。

第六十一条　违反本条例规定，侵占、破坏水源和抗旱设施的，由县级以上人民政府水行政主管部门或者流域管理机构责令停止违法行为，采取补救措施，处 1 万元以上 5 万元以下的罚款；造成损坏的，依法承担民事责任；构成违反治安管理行为的，依照《中华人民共和国治安管理处罚法》的规定处罚；构成犯罪的，依法追究刑事责任。

第六十二条　违反本条例规定，抢水、非法引水、截水或者哄抢抗旱物资的，由县级以上人民政府水行政主管部门或者流域管理机构责令停止违法行为，予以警告；构成违反治安管理行为的，依照《中华人民共和国治安管理处罚法》的规定处罚；构成犯罪的，依法追究刑事责任。

第六十三条 违反本条例规定，阻碍、威胁防汛抗旱指挥机构、水行政主管部门或者流域管理机构的工作人员依法执行职务的，由县级以上人民政府水行政主管部门或者流域管理机构责令改正，予以警告；构成违反治安管理行为的，依照《中华人民共和国治安管理处罚法》的规定处罚；构成犯罪的，依法追究刑事责任。

第六章 附 则

第六十四条 中国人民解放军和中国人民武装警察部队参加抗旱救灾，依照《军队参加抢险救灾条例》的有关规定执行。

第六十五条 本条例自公布之日起施行。

自然灾害救助条例

（2010 年 7 月 8 日中华人民共和国国务院令第 577 号公布，根据 2019 年 3 月 2 日《国务院关于修改部分行政法规的决定》修正）

第一章 总 则

第一条 为了规范自然灾害救助工作，保障受灾人员基本生活，制定本条例。

第二条 自然灾害救助工作遵循以人为本、政府主导、分级管理、社会互助、灾民自救的原则。

第三条 自然灾害救助工作实行各级人民政府行政领导负责制。

国家减灾委员会负责组织、领导全国的自然灾害救助工作，协调开展重大自然灾害救助活动。国务院应急管理部门负责全国的自然灾害救助工作，承担国家减灾委员会的具体工作。国务院有关部门按照各自职责做好全国的自然灾害救助相关工作。

县级以上地方人民政府或者人民政府的自然灾害救助应急综合协调机构，组织、协调本行政区域的自然灾害救助工作。县级以上地方人民政府应急管理部门负责本行政区域的自然灾害救助工作。县级以上地方人民政府有关部门按照各自职责做好本行政区域的自然灾害救助相关工作。

第四条 县级以上人民政府应当将自然灾害救助工作纳入国民经济和社会发展规划，建立健全与自然灾害救助需求相适应的资金、物资保障机制，将人民政府安排的自然灾害救助资金和自然灾害救助工作经费纳入财政预算。

第五条 村民委员会、居民委员会以及红十字会、慈善会和公募基金会等社会组织，依法协助人民政府开展自然灾害救助工作。

国家鼓励和引导单位和个人参与自然灾害救助捐赠、志愿服务等活动。

第六条 各级人民政府应当加强防灾减灾宣传教育，提高公民的防灾避险意识和自救互救能力。

村民委员会、居民委员会、企业事业单位应当根据所在地人民政府的要求，结合各自的实际情况，开展防灾减灾应急知识的宣传普及活动。

第七条 对在自然灾害救助中作出突出贡献的单位和个人，按照国家有关规定给予表彰和奖励。

第二章 救助准备

第八条 县级以上地方人民政府及其有关部门应当根据有关法律、法规、规章，上级人民政府及其有关部门的应急预案以及本行政区域的自然灾害风险调查情况，制定相应的自然灾害救助应急预案。

自然灾害救助应急预案应当包括下列内容：

（一）自然灾害救助应急组织指挥体系及其职责；

（二）自然灾害救助应急队伍；

（三）自然灾害救助应急资金、物资、设备；

（四）自然灾害的预警预报和灾情信息的报告、处理；

（五）自然灾害救助应急响应的等级和相应措施；

（六）灾后应急救助和居民住房恢复重建措施。

第九条 县级以上人民政府应当建立健全自然灾害救助应急指挥技术支撑系统，并为自然灾害救助工作提供必要的交通、通信等装备。

第十条 国家建立自然灾害救助物资储备制度，由国务院应急管理部门分别会同国务院财政部门、发展改革部门、工业和信息化部门、粮食和物资储备部门制定全国自然灾害救助物资储备规划和储备库规划，并组织实施。其中，由国务院粮食和物资储备部门会同相关部门制定中央救灾物资储备库规划，并组织实施。

设区的市级以上人民政府和自然灾害多发、易发地区的县级人民政府应当根据自然灾害特点、居民人口数量和分布等情况，按照布局合理、规模适度的原则，设立自然灾害救助物资储备库。

第十一条　县级以上地方人民政府应当根据当地居民人口数量和分布等情况，利用公园、广场、体育场馆等公共设施，统筹规划设立应急避难场所，并设置明显标志。

启动自然灾害预警响应或者应急响应，需要告知居民前往应急避难场所的，县级以上地方人民政府或者人民政府的自然灾害救助应急综合协调机构应当通过广播、电视、手机短信、电子显示屏、互联网等方式，及时公告应急避难场所的具体地址和到达路径。

第十二条　县级以上地方人民政府应当加强自然灾害救助人员的队伍建设和业务培训，村民委员会、居民委员会和企业事业单位应当设立专职或者兼职的自然灾害信息员。

第三章　应急救助

第十三条　县级以上人民政府或者人民政府的自然灾害救助应急综合协调机构应当根据自然灾害预警预报启动预警响应，采取下列一项或者多项措施：

（一）向社会发布规避自然灾害风险的警告，宣传避险常识和技能，提示公众做好自救互救准备；

（二）开放应急避难场所，疏散、转移易受自然灾害危害的人员和财产，情况紧急时，实行有组织的避险转移；

（三）加强对易受自然灾害危害的乡村、社区以及公共场所的安全保障；

（四）责成应急管理等部门做好基本生活救助的准备。

第十四条 自然灾害发生并达到自然灾害救助应急预案启动条件的，县级以上人民政府或者人民政府的自然灾害救助应急综合协调机构应当及时启动自然灾害救助应急响应，采取下列一项或者多项措施：

（一）立即向社会发布政府应对措施和公众防范措施；

（二）紧急转移安置受灾人员；

（三）紧急调拨、运输自然灾害救助应急资金和物资，及时向受灾人员提供食品、饮用水、衣被、取暖、临时住所、医疗防疫等应急救助，保障受灾人员基本生活；

（四）抚慰受灾人员，处理遇难人员善后事宜；

（五）组织受灾人员开展自救互救；

（六）分析评估灾情趋势和灾区需求，采取相应的自然灾害救助措施；

（七）组织自然灾害救助捐赠活动。

对应急救助物资，各交通运输主管部门应当组织优先运输。

第十五条 在自然灾害救助应急期间，县级以上地方人民政府或者人民政府的自然灾害救助应急综合协调机构可以在本行政区域内紧急征用物资、设备、交通运输工具和场地，自然灾害救助应急工作结束后应当及时归还，并按照国家有关规定给予补偿。

第十六条 自然灾害造成人员伤亡或者较大财产损失的，受灾地区县级人民政府应急管理部门应当立即向本级人民政府和上一级人民政府应急管理部门报告。

自然灾害造成特别重大或者重大人员伤亡、财产损失的，受灾地区县级人民政府应急管理部门应当按照有关法律、行政法规和国务院应急预案规定的程序及时报告，必要时可以直接报告国务院。

第十七条　灾情稳定前，受灾地区人民政府应急管理部门应当每日逐级上报自然灾害造成的人员伤亡、财产损失和自然灾害救助工作动态等情况，并及时向社会发布。

灾情稳定后，受灾地区县级以上人民政府或者人民政府的自然灾害救助应急综合协调机构应当评估、核定并发布自然灾害损失情况。

第四章　灾后救助

第十八条　受灾地区人民政府应当在确保安全的前提下，采取就地安置与异地安置、政府安置与自行安置相结合的方式，对受灾人员进行过渡性安置。

就地安置应当选择在交通便利、便于恢复生产和生活的地点，并避开可能发生次生自然灾害的区域，尽量不占用或者少占用耕地。

受灾地区人民政府应当鼓励并组织受灾群众自救互救，恢复重建。

第十九条　自然灾害危险消除后，受灾地区人民政府应当统筹研究制订居民住房恢复重建规划和优惠政策，组织重建或者修缮因灾损毁的居民住房，对恢复重建确有困难的家庭予以重点帮扶。

居民住房恢复重建应当因地制宜、经济实用，确保房屋建设质量符合防灾减灾要求。

受灾地区人民政府应急管理等部门应当向经审核确认的居民住房恢复重建补助对象发放补助资金和物资，住房城乡建设等部门应当为受灾人员重建或者修缮因灾损毁的居民住房提供必要的技术支持。

第二十条　居民住房恢复重建补助对象由受灾人员本人申请或者由村民小组、居民小组提名。经村民委员会、居民委员会民主评议，符合救助条件的，在自然村、社区范围内公示；无异议或者经村民委员会、居民委员会民主评议异议不成立的，由村民委员会、居民委员会将评议意见和有关材料提交乡镇人民政府、街道办事处审核，报县级人民政府应急管理等部门审批。

第二十一条 自然灾害发生后的当年冬季、次年春季，受灾地区人民政府应当为生活困难的受灾人员提供基本生活救助。

受灾地区县级人民政府应急管理部门应当在每年10月底前统计、评估本行政区域受灾人员当年冬季、次年春季的基本生活困难和需求，核实救助对象，编制工作台账，制定救助工作方案，经本级人民政府批准后组织实施，并报上一级人民政府应急管理部门备案。

第五章 救助款物管理

第二十二条 县级以上人民政府财政部门、应急管理部门负责自然灾害救助资金的分配、管理并监督使用情况。

县级以上人民政府应急管理部门负责调拨、分配、管理自然灾害救助物资。

第二十三条 人民政府采购用于自然灾害救助准备和灾后恢复重建的货物、工程和服务，依照有关政府采购和招标投标的法律规定组织实施。自然灾害应急救助和灾后恢复重建中涉及紧急抢救、紧急转移安置和临时性救助的紧急采购活动，按照国家有关规定执行。

第二十四条 自然灾害救助款物专款（物）专用，无偿使用。

定向捐赠的款物，应当按照捐赠人的意愿使用。政府部门接受的捐赠人无指定意向的款物，由县级以上人民政府应急管理部门统筹安排用于自然灾害救助；社会组织接受的捐赠人无指定意向的款物，由社会组织按照有关规定用于自然灾害救助。

第二十五条　自然灾害救助款物应当用于受灾人员的紧急转移安置，基本生活救助，医疗救助，教育、医疗等公共服务设施和住房的恢复重建，自然灾害救助物资的采购、储存和运输，以及因灾遇难人员亲属的抚慰等项支出。

第二十六条　受灾地区人民政府应急管理、财政等部门和有关社会组织应当通过报刊、广播、电视、互联网，主动向社会公开所接受的自然灾害救助款物和捐赠款物的来源、数量及其使用情况。

受灾地区村民委员会、居民委员会应当公布救助对象及其接受救助款物数额和使用情况。

第二十七条　各级人民政府应当建立健全自然灾害救助款物和捐赠款物的监督检查制度，并及时受理投诉和举报。

第二十八条　县级以上人民政府监察机关、审计机关应当依法对自然灾害救助款物和捐赠款物的管理使用情况进行监督检查，应急管理、财政等部门和有关社会组织应当予以配合。

第六章　法律责任

第二十九条　行政机关工作人员违反本条例规定，有下列行为之一的，由任免机关或者监察机关依照法律法规给予处分；构成犯罪的，依法追究刑事责任：

（一）迟报、谎报、瞒报自然灾害损失情况，造成后果的；

（二）未及时组织受灾人员转移安置，或者在提供基本生活救助、组织恢复重建过程中工作不力，造成后果的；

（三）截留、挪用、私分自然灾害救助款物或者捐赠款物的；

（四）不及时归还征用的财产，或者不按照规定给予补偿的；

（五）有滥用职权、玩忽职守、徇私舞弊的其他行为的。

第三十条 采取虚报、隐瞒、伪造等手段，骗取自然灾害救助款物或者捐赠款物的，由县级以上人民政府应急管理部门责令限期退回违法所得的款物；构成犯罪的，依法追究刑事责任。

第三十一条 抢夺或者聚众哄抢自然灾害救助款物或者捐赠款物的，由县级以上人民政府应急管理部门责令停止违法行为；构成违反治安管理行为的，由公安机关依法给予治安管理处罚；构成犯罪的，依法追究刑事责任。

第三十二条 以暴力、威胁方法阻碍自然灾害救助工作人员依法执行职务，构成违反治安管理行为的，由公安机关依法给予治安管理处罚；构成犯罪的，依法追究刑事责任。

第七章　附　则

第三十三条 发生事故灾难、公共卫生事件、社会安全事件等突发事件，需要由县级以上人民政府应急管理部门开展生活救助的，参照本条例执行。

第三十四条 法律、行政法规对防灾、抗灾、救灾另有规定的，从其规定。

第三十五条 本条例自 2010 年 9 月 1 日起施行。

蓄滞洪区运用补偿暂行办法

（经 2000 年 5 月 23 日国务院第 28 次常务会议通过，2000 年 5 月 27 日国务院令第 286 号发布，自发布之日起施行）

第一章 总 则

第一条 为了保障蓄滞洪区的正常运用，确保受洪水威胁的重点地区的防洪安全，合理补偿蓄滞洪区内居民因蓄滞洪遭受的损失，根据《中华人民共和国防洪法》，制定本办法。

第二条 本办法适用于附录所列国家蓄滞洪区。

依照《中华人民共和国防洪法》的规定，国务院或者国务院水行政主管部门批准的防洪规划或者防御洪水方案需要修改，并相应调整国家蓄滞洪区时，由国务院水行政主管部门对本办法附录提出修订意见，报国务院批准、公布。

第三条 蓄滞洪区运用补偿，遵循下列原则：

（一）保障蓄滞洪区居民的基本生活；

（二）有利于蓄滞洪区恢复农业生产；

（三）与国家财政承受能力相适应。

第四条 蓄滞洪区所在地的各级地方人民政府应当按照国家有关规定，加强蓄滞洪区的安全建设和管理，调整产业结构，控制人口增长，有计划地组织人口外迁。

第五条 蓄滞洪区运用前，蓄滞洪区所在地的各级地方人民政府应当组织有关部门和单位做好蓄滞洪区内人员、财产的转移和保护工作，尽量减少蓄滞洪造成的损失。

第六条 国务院财政主管部门和国务院水行政主管部门依照本办

法的规定，负责全国蓄滞洪区运用补偿工作的组织实施和监督管理。

国务院水行政主管部门在国家确定的重要江河、湖泊设立的流域管理机构，对所辖区域内蓄滞洪区运用补偿工作实施监督、指导。

蓄滞洪区所在地的地方各级人民政府依照本办法的规定，负责本行政区域内蓄滞洪区运用补偿工作的具体实施和管理。上一级人民政府应当对下一级人民政府的蓄滞洪区运用补偿工作实施监督。

蓄滞洪区所在地的县级以上地方人民政府有关部门在本级人民政府规定的职责范围内，负责蓄滞洪区运用补偿的有关工作。

第七条 任何组织和个人不得骗取、侵吞和挪用蓄滞洪区运用补偿资金。

第八条 审计机关应当加强对蓄滞洪区运用补偿资金的管理和使用情况的审计监督。

第二章 补偿对象、范围和标准

第九条 蓄滞洪区内具有常住户口的居民（以下简称区内居民），在蓄滞洪区运用后，依照本办法的规定获得补偿。

区内居民除依照本办法获得蓄滞洪区运用补偿外，同时按照国家有关规定享受与其他洪水灾区灾民同样的政府救助和社会捐助。

第十条 蓄滞洪区运用后，对区内居民遭受的下列损失给予补偿：

（一）农作物、专业养殖和经济林水毁损失；

（二）住房水毁损失；

（三）无法转移的家庭农业生产机械和役畜以及家庭主要耐用消费品水毁损失。

第十一条 蓄滞洪区运用后造成的下列损失，不予补偿：

（一）根据国家有关规定，应当退田而拒不退田，应当迁出而拒不迁出，或者退田、迁出后擅自返耕、返迁造成的水毁损失；

（二）违反蓄滞洪区安全建设规划或者方案建造的住房水毁损失；

（三）按照转移命令能转移而未转移的家庭农业生产机械和役畜以及家庭主要耐用消费品水毁损失。

第十二条　蓄滞洪区运用后，按照下列标准给予补偿：

（一）农作物、专业养殖和经济林，分别按照蓄滞洪前三年平均年产值的 50—70%、40—50%、40—50% 补偿，具体补偿标准由蓄滞洪区所在地的省级人民政府根据蓄滞洪后的实际水毁情况在上述规定的幅度内确定。

（二）住房，按照水毁损失的 70% 补偿。

（三）家庭农业生产机械和役畜以及家庭主要耐用消费品，按照水毁损失的 50% 补偿。但是，家庭农业生产机械和役畜以及家庭主要耐用消费品的登记总价值在 2000 元以下的，按照水毁损失的 100% 补偿；水毁损失超过 2000 元不足 4000 元的，按照 2000 元补偿。

第十三条　已下达蓄滞洪转移命令，因情况变化未实施蓄滞洪造成损失的，给予适当补偿。

第三章　补偿程序

第十四条　蓄滞洪区所在地的县级人民政府应当组织有关部门和乡（镇）人民政府（含街道办事处，下同）对区内居民的承包土地、住房、家庭农业生产机械和役畜以及家庭主要耐用消费品逐户进行登记，并由村（居）民委员会张榜公布；在规定时间内村（居）民无异议的，由县、乡、村分级建档立卡。

以村或者居民委员会为单位进行财产登记时，应当有村（居）民委员会干部、村（居）民代表参加。

第十五条 已登记公布的区内居民的承包土地、住房或者其他财产发生变更时，村（居）民委员会应当于每年汛前汇总，并向乡（镇）人民政府提出财产变更登记申请，由乡（镇）人民政府核实登记后，报蓄滞洪区所在地的县级人民政府指定的部门备案。

第十六条 蓄滞洪区所在地的县级人民政府应当及时将区内居民的承包土地、住房、家庭农业生产机械和役畜以及家庭主要耐用消费品的登记情况及变更登记情况汇总后抄报所在流域管理机构备案。流域管理机构应当根据每年汛期预报，对财产登记及变更登记情况进行必要的抽查。

第十七条 蓄滞洪区运用后，蓄滞洪区所在地的县级人民政府应当及时组织有关部门和乡（镇）人民政府核查区内居民损失情况，按照规定的补偿标准，提出补偿方案，经省级人民政府或者其授权的主管部门核实后，由省级人民政府上报国务院。

以村或者居民委员会为单位核查损失时，应当有村（居）民委员会干部、村（居）民代表参加，并对损失情况张榜公布。

省级人民政府上报的补偿方案，由国务院财政主管部门和国务院水行政主管部门负责审查、核定，提出补偿资金的总额，报国务院批准后下达。

省级人民政府在上报补偿方案时，应当附具所在流域管理机构签署的意见。

第十八条 蓄滞洪区运用补偿资金由中央财政和蓄滞洪区所在地的省级财政共同承担；具体承担比例由国务院财政主管部门根据蓄滞洪后的实际损失情况和省级财政收入水平拟定，报国务院批准。

蓄滞洪区运用后，补偿资金应当及时、足额拨付到位。资金拨付和管理办法由国务院财政主管部门会同国务院水行政主管部门制定。

第十九条 蓄滞洪区所在地的县级人民政府在补偿资金拨付到位

后，应当及时制定具体补偿方案，由乡（镇）人民政府逐户确定具体补偿金额，并由村（居）民委员会张榜公布。

补偿金额公布无异议后，由乡（镇）人民政府组织发放补偿凭证，区内居民持补偿凭证、村（居）民委员会出具的证明和身份证明到县级财政主管部门指定的机构领取补偿金。

第二十条 流域管理机构应当加强对所辖区域内补偿资金发放情况的监督，必要时应当会同省级人民政府或者其授权的主管部门进行调查，并及时将补偿资金总的发放情况上报国务院财政主管部门和国务院水行政主管部门，同时抄送省级人民政府。

第四章 罚 则

第二十一条 有下列行为之一的，由蓄滞洪区所在地的县级以上地方人民政府责令立即改正，并对直接负责的主管人员和其他直接责任人员依法给予行政处分：

（一）在财产登记工作中弄虚作假的；

（二）在蓄滞洪区运用补偿过程中谎报、虚报损失的。

第二十二条 骗取、侵吞或者挪用补偿资金，构成犯罪的，依法追究刑事责任；尚不构成犯罪的，依法给予行政处分。

第五章 附 则

第二十三条 本办法规定的财产登记、财产变更登记等有关文书格式，由国务院水行政主管部门统一制订，蓄滞洪区所在地的省级人民政府水行政主管部门负责印制。

第二十四条 财产登记、财产变更登记不得向区内居民收取任何费用，所需费用由蓄滞洪区所在地县级人民政府统筹解决。

第二十五条 省级人民政府批准的防洪规划或者防御洪水方案中确定的蓄滞洪区的运用补偿办法，由有关省级人民政府制定。

第二十六条 本办法自发布之日起施行。

（国家蓄滞洪区名录略）

浙江省防汛防台抗旱条例

（2007 年 3 月 29 日浙江省第十届人民代表大会常务委员会第三十一次会议通过 2021 年 5 月 28 日浙江省第十三届人民代表大会常务委员会第二十九次会议修订）

第一章 总 则

第一条 为了防御和减轻洪涝、台风、干旱等自然灾害，保障人民生命财产安全，根据《中华人民共和国防洪法》《中华人民共和国突发事件应对法》《中华人民共和国防汛条例》《中华人民共和国抗旱条例》《自然灾害救助条例》等有关法律、行政法规，结合本省实际，制定本条例。

第二条 本省行政区域内防汛防台抗旱活动，适用本条例。

第三条 防汛防台抗旱工作坚持生命至上、安全第一，预防为主、防抗救相结合，确保重点、统筹兼顾。

第四条 县级以上人民政府应当加强对本地区防汛防台抗旱工作的领导，将防汛防台抗旱工作纳入国民经济和社会发展规划，将防汛防台抗旱工作所需经费纳入财政预算，建立健全防汛防台抗旱指挥协调机制和基层防汛防台抗旱体系。

防汛防台抗旱工作纳入政府绩效考核评价体系。

第五条 防汛防台抗旱工作实行各级人民政府行政首长负责制，统一指挥，分级分部门负责，属地管理为主。

第六条 县级以上人民政府应当设立由主要负责人担任指挥长的防汛防台抗旱指挥机构，其办事机构设在同级应急管理部门。

县级以上人民政府防汛防台抗旱指挥机构应当在上级人民政府防

汛防台抗旱指挥机构和本级人民政府的领导下，统一指挥、协调和指导本地区的防汛防台抗旱工作，依法履行下列职责：

（一）拟定办事机构职责和成员单位职责分工，报本级人民政府批准后执行；

（二）组织编制防汛防台抗旱应急预案和开展应急演练，做好应急准备以及应急救援力量、装备和物资等应急资源调度；

（三）组织开展防汛防台抗旱风险隐患排查，督促和指导有关部门、单位及时处理防汛防台抗旱有关安全问题；

（四）组织会商本地区的雨情、水情、汛情、风情、旱情；

（五）组织、监督和指导防汛防台抗旱应急物资的储备、管理等工作；

（六）按照防汛防台抗旱应急预案启动、调整和结束应急响应；

（七）监督和指导灾后恢复与重建工作；

（八）法律、法规和规章规定的其他职责。

第七条 县级以上人民政府应急管理部门承担防汛防台抗旱指挥机构日常事务，负责指导洪涝、台风、干旱等自然灾害防灾减灾救灾工作，具体组织编制防汛防台抗旱应急预案，组织指导和协调防汛防台抗旱应急救援，统筹推进应急救援力量建设等工作。

水行政、自然资源、住房城乡建设、农业农村和气象等其他负有防汛防台抗旱职责的部门和单位，应当按照各自职责和防汛防台抗旱应急预案要求，做好相关防汛防台抗旱工作。

防汛防台抗旱工作未纳入属地管理的各类开发区（园区）的管理机构，应当明确承担防汛防台抗旱职责的具体工作机构。

第八条 乡镇人民政府、街道办事处应当在上级人民政府防汛防台抗旱指挥机构领导下，负责本辖区防汛防台抗旱工作，履行下列职责：

（一）明确防汛防台网格责任区和责任人；

（二）按照管理权限组织开展小型水库、山塘、堤防、水闸、泵站、堰坝和抗旱供水设施等工程设施的检查，落实安全措施；

（三）组织编制本辖区防汛防台抗旱应急预案和开展应急演练；

（四）配合开展农村住房防灾能力调查；

（五）按照规定储备防汛防台抗旱应急物资；

（六）组织落实群众转移和安置；

（七）统计灾情；

（八）法律、法规和规章规定的其他职责。

乡镇人民政府、街道办事处应当明确由主要负责人担任指挥长的防汛防台抗旱指挥机构，承担日常事务的具体工作机构由乡镇人民政府、街道办事处确定。

第九条　村（居）民委员会协助当地人民政府做好下列防汛防台抗旱工作：

（一）开展防汛防台抗旱知识宣传和应急演练；

（二）传达预报、预警、转移、避灾等信息；

（三）按照规定储备防汛防台抗旱应急物资；

（四）组织群众自救互救；

（五）协助统计灾情、发放救灾物资；

（六）法律、法规和规章规定的其他职责。

第十条　公民、法人和其他组织应当依法履行防汛防台抗旱义务，保护防汛防台抗旱工程设施，积极参与防汛防台抗旱工作，执行防汛防台抗旱决定和命令，并享有法律法规规定的权利。

机关、团体、企业事业单位应当采取多种形式开展防汛防台抗旱安全知识教育，适时开展应急演练，提高科学防灾避险和自救互救能力。

第十一条 县级以上人民政府应当对防汛防台抗旱工作中成绩显著的单位和个人予以激励褒扬。

第十二条 省应急管理部门应当会同其他有关部门加强洪涝、台风、干旱等自然灾害风险预防、研判、指挥、预警和处置的数字化建设，按照整体智治要求，建立健全全省统一的防汛防台抗旱数字化平台，推动自然灾害风险防控体系和能力的智能化、现代化。

第二章 预防与准备

第十三条 县级以上人民政府应当将防汛防台抗旱工程设施建设纳入国民经济和社会发展规划以及国土空间规划，综合考虑灾害风险空间分布，科学规划水库、重要堤防、海塘、水闸、泵站、堰坝、渔港和避风锚地等工程设施建设，提高洪涝、台风、干旱等自然灾害的工程设施防御能力。

第十四条 县级以上人民政府应当建立洪涝、台风、干旱等自然灾害统一调查监测评估制度。

县级以上人民政府防汛防台抗旱指挥机构应当建立健全灾害风险识别机制。水行政、自然资源、住房城乡建设、农业农村、气象等主管部门应当根据自然灾害统一调查结果，划定风险类型、风险等级、风险区域，编制和动态更新专业灾害风险识别图；防汛防台抗旱指挥机构应当根据专业灾害风险识别图编制和动态更新灾害综合风险识别图。

第十五条 县级以上人民政府防汛防台抗旱指挥机构应当组织编制本行政区域防汛防台抗旱应急预案，经本级人民政府批准后实施，并报上一级人民政府防汛防台抗旱指挥机构备案。

负有防汛防台抗旱职责的部门和单位应当根据本级防汛防台抗旱

应急预案，编制本部门、本单位防汛防台抗旱应急预案，或者将防汛防台抗旱纳入本部门、本单位其他应急预案，并报本级人民政府防汛防台抗旱指挥机构备案。

乡镇人民政府、街道办事处防汛防台抗旱指挥机构应当根据上一级防汛防台抗旱应急预案，结合当地实际，编制本辖区防汛防台抗旱应急预案，经县（市、区）人民政府防汛防台抗旱指挥机构批准后实施。

乡镇人民政府、街道办事处防汛防台抗旱指挥机构应当指导村（居）民委员会编制本区域防汛防台形势图。

水库、重要堤防、海塘、水闸、泵站、堰坝、渔港和避风锚地等工程设施的管理单位应当编制险情应急处置预案，经有管辖权的县级以上人民政府相关部门批准后实施。

第十六条 县级以上人民政府水行政主管部门应当组织制定本级防洪规划确定的蓄滞洪区的运用方案，经防汛防台抗旱指挥机构审核，报本级人民政府批准后实施。

省水行政主管部门应当组织制定钱塘江干流、浦阳江、瓯江、东苕溪的洪水调度方案，经省人民政府防汛防台抗旱指挥机构批准后实施。

有关设区的市水行政主管部门应当组织制定甬江、椒江、鳌江、飞云江、西苕溪和钱塘江其他重要支流的洪水调度方案，经本级人民政府防汛防台抗旱指挥机构批准后实施，并报省人民政府防汛防台抗旱指挥机构备案。

水行政等主管部门应当将其审批的水工程控制运用计划和应急度汛方案，报本级人民政府防汛防台抗旱指挥机构备案。

第十七条 县级以上人民政府防汛防台抗旱指挥机构以及负有防汛防台抗旱职责的部门和单位，应当定期组织防汛防台抗旱应急演练，并加强对乡镇人民政府、街道办事处和村（居）民委员会应急演练的指导。

乡镇人民政府、街道办事处和村（居）民委员会应当有针对性地开展防御小流域山洪、地质灾害、城市内涝等应急演练。

第十八条 县级以上人民政府防汛防台抗旱指挥机构以及有关部门应当在各自职责范围内，通过应急工作指引、典型案例警示等方式，组织开展防汛防台抗旱知识宣传教育和培训。

县（市、区）人民政府防汛防台抗旱指挥机构应当组织开展对乡镇人民政府、街道办事处防汛防台抗旱指挥机构及其办事机构，以及村（居）防汛防台抗旱工作组、网格责任人的业务培训。

第十九条 县级以上人民政府应当加强防汛防台抗旱应急物资储备体系规划和建设，建立健全统一高效的应急物资储备、调用、共用共享等保障机制。

县级以上人民政府发展改革主管部门应当会同应急管理等部门制定防汛防台抗旱应急物资储备目录，明确应急物资储备的种类、方式、数量和责任单位，经本级人民政府批准后实施。

应急物资储备责任单位应当落实应急物资储备职责，规范应急物资日常管理，并及时补充相关物资。

第二十条 县（市、区）人民政府及其应急管理部门应当统筹规划设立符合国家和省有关标准的避灾安置场所，明确场所管理责任人，标注明显标志，并向社会公布避灾安置场所目录。

避灾安置场所管理单位应当按照国家和省有关规定，加强避灾安置场所的维护和管理，保证其正常使用。

防汛防台应急响应期间，学校、影剧院、会堂、体育场馆等公共建筑物应当根据当地人民政府的指令，作为临时避灾安置场所无条件开放。

第二十一条 县级以上人民政府应当建立健全防汛防台抗旱应急救援力量体系，完善应急救援专家库，并根据需要组建专业应急救援队伍。

省应急管理部门应当会同有关部门推进应急救援航空体系建设，加强海上、水面救助打捞能力建设和装备配置，提高极端条件下防汛防台抗旱应急救援能力。

乡镇人民政府、街道办事处应当按照省有关规定，整合辖区内基层警务人员、专职消防队员、民兵、治安巡逻队员、企业应急人员等力量，组建综合性应急救援队伍，承担防汛防台抢险救援相关任务。村（居）民委员会可以结合当地实际，组建相应的防汛防台应急救援力量。

县级以上人民政府应当通过购买服务、资金补助、培训指导等方式，鼓励和引导社会应急力量参与防汛防台抗旱抢险救援工作，规范社会应急力量的抢险救援行为，推动社会应急力量发展。具体办法由省应急管理部门制定。

第二十二条 县级以上人民政府应当建立自然灾害救灾资金应急保障机制。自然灾害救灾资金由县级以上人民政府财政部门会同应急管理部门统筹用于洪涝、台风、干旱等自然灾害的抢险救援、受灾群众救助、水毁工程修复等工作。

第三章 监测与预警

第二十三条 本省汛期为每年的 4 月 15 日至 10 月 15 日。县级以上人民政府防汛防台抗旱指挥机构可以根据实际情况，宣布提前或者延长汛期。

每年 4 月 15 日前，县级以上人民政府防汛防台抗旱指挥机构应当全面部署防汛防台抗旱工作，按照规定权限公布防汛防台抗旱责任人名单，组织开展防汛防台抗旱知识宣传、必要的应急演练等工作。

第二十四条 县级以上人民政府应当建立健全防汛防台抗旱风险隐患排查制度。

县级以上人民政府防汛防台抗旱指挥机构应当组织开展防汛防台抗旱风险隐患排查；发现风险隐患的，应当督促有关部门和单位及时落实管控措施，并限期整改。

负有防汛防台抗旱职责的部门和单位应当建立风险隐患清单制度，依法对管辖范围内的工程设施、物资储备、应急预案、责任体系建设等情况进行检查；发现风险隐患的，应当督促责任单位及时落实管控措施并进行整改。

乡镇人民政府、街道办事处防汛防台抗旱指挥机构以及村（居）防汛防台抗旱工作组、网格责任人应当结合当地实际，针对性地开展防汛防台抗旱风险隐患排查；发现风险隐患的，应当及时告知责任单位；责任单位应当及时落实管控措施，并进行整改。

第二十五条 县级以上人民政府防汛防台抗旱指挥机构应当建立健全洪涝、台风、干旱等自然灾害监测预报系统，完善有关信息采集和报告网络，实现全省域监测预报系统信息资源共享。

负有防汛防台抗旱职责的部门和单位应当在各自职责范围内，做好监测设施、站点的建设和维护工作，根据需要在自然灾害高发易发区域和重点渔港等重要基础设施增设监测设施、站点，并实行监测设施、站点与自然灾害监测预报系统实时联网。

村（居）民委员会应当配合做好监测设施、站点建设和维护相关工作，并可以根据需要补充设置人工雨量观测筒、水位尺等简易监测设施、设备。

第二十六条 负有防汛防台抗旱职责的部门和单位应当在各自职

责范围内做好洪涝、台风、干旱等自然灾害监测预报预警，提高台风、暴雨、洪水、地质灾害等预报预警信息的准确性和时效性，并及时向本级人民政府防汛防台抗旱指挥机构提供洪涝、台风、干旱等自然灾害及其可能引发的次生灾害的监测预报预警信息。

抗旱应急响应期间，县级以上人民政府水行政、农业农村、气象、生态环境、供水等主管部门和单位，应当及时向本级人民政府防汛防台抗旱指挥机构提供可供水能力、墒情、人工增雨作业、水质、供用水等信息。

第二十七条　县级以上人民政府防汛防台抗旱指挥机构以及应急管理、水行政、自然资源、住房城乡建设、农业农村、气象等主管部门应当加强洪涝、台风、干旱等自然灾害风险形势分析，建立健全自然灾害风险会商研判和提示机制。

县（市、区）人民政府防汛防台抗旱指挥机构应当及时将相关风险提示信息发送至可能受灾害性天气影响的乡镇人民政府、街道办事处防汛防台抗旱指挥机构以及村（居）防汛防台抗旱工作组、网格责任人。

第二十八条　县级以上人民政府防汛防台抗旱指挥机构应当建立健全洪涝、台风、干旱等自然灾害预警机制，加强对小流域山洪、地质灾害等风险区域的定点定向预警。

预警解除后，县（市、区）人民政府防汛防台抗旱指挥机构应当及时将预警解除信息发送至乡镇人民政府、街道办事处防汛防台抗旱指挥机构以及村（居）防汛防台抗旱工作组、网格责任人。

第二十九条　县级以上人民政府防汛防台抗旱指挥机构应当按照国家和省有关规定，建立健全防汛防台抗旱监测预报预警和灾情、险情等信息的报送和统一发布制度。

应急响应期间，县（市、区）人民政府有关部门需要乡镇人民政府、街道办事处报送相关信息的，应当将相关需求报送本级人民政府防汛防台抗旱指挥机构的办事机构，由其统一要求乡镇人民政府、街道办事处报送。

任何单位和个人不得擅自发布防汛防台抗旱信息，不得编造或者故意传播虚假灾情、险情等信息。

第三十条 任何单位和个人发现灾害征兆和防汛防台抗旱工程设施险情的，应当立即向当地人民政府、有关部门和单位报告。

当地人民政府、有关部门和单位接到报告后，应当及时核实有关情况；发现问题的，应当采取必要的应急措施，将有关信息及时发送或者报告至本级人民政府防汛防台抗旱指挥机构，并向可能受影响的地区进行风险提示。

第三十一条 省人民政府防汛防台抗旱指挥机构可以根据需要，建立防汛防台抗旱风险管控力评价机制，发布有关风险管控力指数，并加强评价结果运用。

第四章 处置与救援

第三十二条 县级以上人民政府防汛防台抗旱指挥机构应当根据雨情、水情、汛情、风情、旱情等实际情况和应急预案确定的权限、程序与标准，决定启动、调整和结束洪涝、台风、干旱等自然灾害应急响应；启动或者调整应急响应，应当与上级应急响应等级相衔接，洪涝、台风、干旱等自然灾害主要影响地区的应急响应等级不得低于上级应急响应等级。

县级以上人民政府气象、水行政、自然资源等主管部门应当在洪涝、台风、干旱等自然灾害事件达到或者即将达到应急预案规定的响应标准时，及时提出应急响应建议，由本级人民政府防汛防台抗旱指挥机构决定启动或者调整应急响应等级。

第三十三条 有下列情形之一的，县级以上人民政府防汛防台抗旱指挥机构可以宣布进入紧急防汛期，并同步向上一级人民政府防汛防台抗旱指挥机构报告：

（一）江河干流、湖泊的水情超过保证水位或者河道安全流量的；

（二）大中型水库水位超过设计洪水位的；

（三）防洪工程设施发生重大险情的；

（四）台风即将登陆并将产生严重影响的；

（五）沿海潮位超过当地海堤设计水位的；

（六）有其他严重影响生命、财产安全需要宣布进入紧急防汛期情形的。

第三十四条 在紧急防汛期，有关部门和单位根据受灾害影响的程度和应急预案，可以依法采取停止户外集体活动、停课、停工、停业、停运等必要措施，确保人员安全。

第三十五条 县级以上人民政府水行政主管部门应当按照管理权限，组织实施水工程防洪调度和应急水量调度。调度的具体权限和范围由省水行政主管部门规定。

第三十六条 防汛防台应急响应期间，受洪涝、台风等自然灾害严重威胁的人员，应当按照应急预案自主分散转移，或者在所在地人民政府、村（居）民委员会的组织下集中转移。所在地乡镇人民政府、街道办事处以及村（居）民委员会、企业事业单位应当明确人员转移责任人。

需要组织集中转移的，所在地人民政府应当发布转移指令，告知灾害危害性及具体转移地点和方式，提供必要的交通工具，妥善安排被转移人员的基本生活。被转移地区的村（居）民委员会和有关单位应当协助所在地人民政府做好转移工作。

县级以上人民政府可以对经劝导仍拒绝转移的人员依法决定实施强制转移。转移指令解除前，被转移人员不得擅自返回；擅自返回经劝导仍拒绝离开的，有关部门可以依法采取措施，强制带离危险区域。

第三十七条 防汛防台应急响应期间，县级以上人民政府公安、交通运输、海事等主管部门以及乡镇人民政府、街道办事处应当按照职责分工，加强对山区道路、积水道路、易塌方路段、涵洞和水上的交通管理，必要时可以依法采取陆地和水上交通管制措施。

根据预报信息可能受灾害性风浪影响范围内的海上渔船，应当按照渔业主管部门的指令，在指定时间内转移至相对安全的水域或者进入适合防避台风的渔港和避风锚地，并服从当地安全管理；海上预警解除前，在港渔船不得擅自出海，海上渔船不得进入预警海域。

第三十八条 发生严重危及城乡居民生活生产用水安全的特大干旱灾害时，应当优先保障城乡居民生活用水。县级以上人民政府可以依法决定采取下列抗旱措施：

（一）核减用水计划；

（二）实行定时、定点、限量或者分段、分片集中供水；

（三）实施跨流域应急调水；

（四）在保证水工程设施安全的前提下，适量取用水库死库容水量；

（五）法律、法规规定的其他抗旱措施。

第三十九条 县级以上人民政府应当建立健全多部门协调、跨区域联动的应急救援机制。

负有防汛防台抗旱职责的部门应当按照职责分工，做好本领域防汛防台抗旱抢险救援工作，先行处置，组织和指导开展抢险救援。

洪涝、台风、干旱等自然灾害发生后，乡镇人民政府、街道办事处和村（居）民委员会应当立即先行组织抢险救援；必要时，应急管理、水行政、自然资源、住房城乡建设、农业农村、交通运输等主管部门应当派出专业应急救援队伍或者专业技术人员，提供救援力量支持和技术指导。

应急响应期间，电力、通信等单位应当做好防汛防台抗旱用电、通信等方面应急保障。

第四十条　县级以上人民政府防汛防台抗旱指挥机构应当根据灾害发展趋势，统筹调度综合性消防救援、专业应急救援、社会应急救援等力量，并根据需要在高风险区域提前部署应急救援力量、装备、物资等应急资源。

灾害发生地人民政府防汛防台抗旱指挥机构可以向上级人民政府防汛防台抗旱指挥机构提出支援请求；上级人民政府防汛防台抗旱指挥机构应当根据支援请求情况或者事态严重程度，统筹调度应急救援力量、装备、物资等应急资源，支援抢险救援工作。

第四十一条　根据重大洪涝、台风、干旱等自然灾害处置需要，县级以上人民政府防汛防台抗旱指挥机构可以设立应急救援现场指挥部。应急救援现场指挥部实行总指挥负责制。

应急救援现场指挥部负责组织制定和实施应急救援处置方案，统筹调度应急救援力量，协调有关部门和单位提供交通、通信、后勤等保障。

第四十二条　应急响应期间，执行防汛防台抗旱抢险救援紧急任务的车辆实行优先通行，并按照国家有关规定免交车辆通行费用。具体办法由省应急管理部门会同省公安、交通运输等主管部门制定，经省人民政府批准后实施。

第四十三条　广播、电视、报刊、互联网站等新闻媒体应当及时刊登、播报、发送防汛防台抗旱预警信息和防御指引，开展防汛防台抗旱知识公益宣传，增强公众防灾避险意识；应急响应期间，应当及时增播、插播或者刊登当地人民政府防汛防台抗旱指挥机构提供的有关信息，并提高传播频次。

第四十四条 有关人民政府应当加强应急救援省际协调联动，推动建立与长三角地区和其他周边省份的应急救援协同体系和突发险情应急处置联动机制。

第五章 灾后恢复

第四十五条 县级以上人民政府应急管理部门应当组织全面评估和统计灾害损失、影响情况，并依法向社会公布。

第四十六条 受灾地区人民政府应当妥善做好灾民安置、灾后救助、卫生防疫等工作，积极救治受伤人员，保障受灾人员基本生活，帮助受灾人员恢复生产和生活。

第四十七条 受灾地区人民政府应当及时组织进行环境清理，修复被损坏的水利、电力、交通、通信、市政、渔港等工程设施，恢复供电、供水、供气和通信以及主要道路通车；不能及时修复的，应当及时排除安全隐患，并限期修复。

被损坏的工程设施以及监测设施、站点需要立项建设紧急修复的，县级以上人民政府及其有关部门可以简化有关手续，并提供便利。

第四十八条 县级以上人民政府应当建立健全洪涝、台风、干旱等自然灾害损失补偿机制。有下列情形之一的，有关人民政府应当按照规定给予相应补偿：

（一）蓄滞洪区（包括临时采取措施启用的非常蓄滞洪区）因蓄滞洪水而造成损失的；

（二）根据洪水调度指令，因水库拦洪超蓄导致库区淹没而造成损失的；

（三）因抗旱需要，调用农业用水而造成农作物减产、水产养殖损失的；

（四）按照规定调用物资、设备、交通运输工具和取土占地、砍伐林木、清除阻水障碍物、指定临时避灾安置场所，造成损失的；

（五）有其他依法应当予以补偿情形的。

第四十九条 县级以上人民政府应当推进巨灾保险体系建设，建立健全洪涝、台风、干旱等自然灾害风险多方共担机制。

鼓励易受洪涝、台风、干旱等自然灾害影响的单位和个人购买保险。对参加农业保险以及农村住房、渔船等涉农保险的单位和个人，按照规定给予补助。

县（市、区）人民政府、乡镇人民政府、街道办事处应当采取直接购买保险、提供资金补助、督促第三人落实购买保险责任等措施，为参与抢险救援的人员提供人身意外伤害保障。

第六章 法律责任

第五十条 违反本条例规定的行为，法律、行政法规已有法律责任规定的，从其规定。

第五十一条 有下列行为之一的，由有权机关对直接负责的主管人员和其他直接责任人员依法给予处分：

（一）应当编制防汛防台抗旱应急预案而未编制，或者未按照规定组织应急演练的；

（二）未按照防汛防台抗旱应急预案要求及时组织抢险救援而造成损失的；

（三）拒不执行防汛防台抗旱应急预案、洪水调度方案、洪水调度指令、防汛防台抢险救援指令以及抗旱应急措施的；

（四）未及时处理或者整改在防汛防台抗旱检查中发现的问题的；

（五）截留、挪用、移用防汛防台抗旱资金和物资的；

（六）在防汛防台抗旱抢险救援中擅离职守的；

（七）未按照规定为参与抢险救援的人员提供人身意外伤害保障的；

（八）有其他玩忽职守、滥用职权、徇私舞弊行为的。

第七章　附　则

第五十二条　本条例自 2021 年 7 月 1 日起施行。

浙江省人大常委会关于自然灾害应急避险中人员强制转移的决定

（2016年12月23日省十二届人大常委会第三十六次会议通过）

为了贯彻实施《中华人民共和国突发事件应对法》《浙江省防汛防台抗旱条例》等法律、法规规定，避免、减轻洪水、台风和山体崩塌、滑坡、泥石流等自然灾害（包括次生灾害，下同）引发的社会危害，保护人民生命安全，特作决定如下：

在可能发生直接危及人身安全的自然灾害时，县级人民政府及其有关部门、乡镇人民政府（街道办事处）应当按照预警等级和预警范围，根据必要、及时的原则，依法组织转移易受自然灾害危及人员，并妥善做好临时性安置工作。基层群众自治组织、有关单位应当协助当地人民政府和有关部门共同做好易受自然灾害危及人员应急避险工作。

易受自然灾害危及人员应当服从当地人民政府及有关部门的统一指挥和安排，配合应急避险转移。对经劝导仍拒绝转移的人员，当地人民政府及有关部门可以依法采取措施，强制带离危险区域。转移指令解除前，被转移人员不得擅自返回危险区域，对擅自返回危险区域的人员，经劝导仍拒绝离开的，当地人民政府及有关部门可以依法采取措施，强制带离危险区域。对妨碍应急避险转移工作，构成违反治安管理行为的，由公安机关依法给予治安管理处罚。

本决定自公布之日起施行。

浙江省防御洪涝台灾害人员避险转移办法

（经省人民政府第 9 次常务会议审议通过，2008 年 7 月 8 日省政府令第 247 号公布，自公布之日起施行）

第一章　总　则

第一条　为了减少和避免台风、暴雨、风暴潮、洪水及其次生灾害（以下简称洪涝台灾害）造成的人员伤亡，根据《中华人民共和国防洪法》、《中华人民共和国防汛条例》、《浙江省防汛防台抗旱条例》等法律、法规，结合本省实际，制定本办法。

第二条　本省行政区域内为防御洪涝台灾害而进行的人员避险转移（以下简称人员转移），适用本办法。

第三条　人员转移工作遵循分级负责、属地管理、科学合理的原则。

第四条　县级以上人民政府领导本行政区域内的人员转移工作。县级以上人民政府防汛抗旱指挥机构负责人员转移工作的组织、协调和指导。

乡（镇）人民政府、街道办事处具体负责实施本区域内的人员转移工作。村（居）民委员会应当协助做好人员转移工作。

水利、气象、民政、国土资源、海洋与渔业、交通、海事、建设、经贸、公安、卫生、教育、旅游等有关部门，按照职责分工做好人员转移的相关工作。

企业、事业单位和其他社会组织（以下统称企事业单位）负责做好本单位的人员转移工作。

人员转移工作应当明确人员转移责任人，落实相应责任制。

第二章 预防预警

第五条 易受洪涝台灾害影响地区（以下简称影响区）的各级人民政府、村（居）民委员会、企事业单位，应当根据防汛防台预案组织编制人员转移预案，并予以公告。

第六条 县级以上人民政府应当组织民政、建设等有关部门，根据防汛防台和人员转移预案确定被转移人员的避灾应急安置场所，并向社会公告。

对避灾应急安置场所，县级以上人民政府或者其指定的部门应当组织定期检查和安全鉴定，加强维护和管理。

第七条 各级人民政府和有关部门应当加强防汛防台法律、法规宣传，组织开展人员转移预案演练，普及防汛防台知识，提高公众的防灾减灾意识和自我救助能力。

人员转移补助经费纳入同级财政预算。

第八条 气象、海洋与渔业部门应当加强对洪涝台灾害的预测预报，并及时向当地人民政府和有关部门提供预测预报信息。

第九条 水文机构应当加强对水情、雨情的实时监测和洪水预报，并及时向同级防汛抗旱指挥机构报送监测预报信息。

第十条 水行政主管部门应当加强对水库等水利工程的安全管理和监督检查。

水利工程管理单位应当按照规定组织安全鉴定和安全巡查；对可能出险的水利工程，应当按照有关规定采取相应措施，并及时向所在地防汛抗旱指挥机构和水行政主管部门报告。

第十一条 各级防汛抗旱指挥机构应当按照《中华人民共和国防洪法》的有关规定，科学调度洪水，并及时向影响区发出洪水警报；水库等水利工程需要泄洪的，应当提前向社会预告。

第十二条 国土资源行政主管部门应当加强对地质灾害的监测，确定和公告地质灾害隐患点，并向受地质灾害威胁的住户（含单位）发放防灾避险明白卡，指导住户做好相应的防灾避险工作。

第十三条 交通、海事、海洋与渔业行政主管部门应当按照各自职责加强对船舶的动态管理，掌握船舶信息，做好船舶避风的组织、指导和宣传培训工作。

第十四条 当可能遭受洪涝台灾害影响，出现地质灾害征兆或者防洪工程发生险情时，当地人民政府及其有关部门应当及时通过广播、电视、电话、手机短信、网络、警报等方式，向影响区发出预警信息。

第三章　组织实施

第十五条 当气象部门预报台风将登陆或者严重影响本行政区域以及海洋与渔业部门预报风暴潮灾害将严重影响本行政区域时，影响区内的下列人员和船舶应当在规定的时间内转移：

（一）船舶应当及时进港避风，船舶不能及时进港避风的，应当转移至其他安全区域，并及时向船籍所在地主管部门报告，其中渔船同时向船籍所在地乡（镇）人民政府报告；

（二）进港避风的船舶上除了抗台（潮）操作人员以外的所有人员应当上岸避风，当台风将严重危害船舶安全时，船舶上的所有人员应当上岸避风；

（三）滨海和海岛旅游区、海水浴场和其他海上休闲娱乐场所的所有游客；

（四）海塘外和可能出险的海塘内的全部人员；

（五）居住在简易房、工棚、抗风等级低的迎风房屋等建筑物内的人员以及处在易被大风吹倒的构筑物、高空设施等设施附近的人员；

（六）其他根据实际情况需要转移的人员。

第十六条 当气象部门发布强降雨预警或者发生短时强降雨时，影响区内的下列人员在强降雨影响前或者根据实时降雨警报及时转移：

（一）处在可能发生险情的水库、山塘下游的人员；

（二）处在重点地质灾害隐患点和山体崩塌、滑坡、泥石流等地质灾害多发地区的人员；

（三）处在山洪易发区和易受洪水灾害严重威胁地区的人员；

（四）其他根据实际情况需要转移的人员。

第十七条 当水文机构预报江河将发生较大洪水时，影响区内的下列人员应当在致灾洪水到达前 3 小时转移完毕；若致灾洪水在夜间到达的，应当提前在当日 18 时前转移完毕：

（一）河道滩地上各类临时居住人员；

（二）水域作业人员；

（三）无标准堤塘的江心洲上的人员；

（四）可能溃堤而被淹没区域内的人员；

（五）准备启用的蓄滞洪区内的人员；

（六）其他根据实际情况需要转移的人员。

第十八条 有本办法第十五条、第十六条、第十七条规定情形之一的，设区的市、县（市、区）人民政府应当及时启动人员转移预案，根据省防汛抗旱指挥机构的有关要求，结合本地区实际，合理确定人员转移的具体范围和时间，并向社会发布紧急避险通告。

乡（镇）人民政府、街道办事处、村（居）民委员会、企事业单位应当根据上级人员转移预案和紧急避险通告的要求，启动相应的人员转移预案。

乡（镇）人民政府、街道办事处可以在突发险情的紧急情况下，根据本级人员转移预案自行发布人员转移指令，并组织实施。

当遭遇突发性暴雨、山洪等灾害或者因灾造成电力、通讯、交通中断的紧急情况下，村（居）民委员会和企事业单位可以按照人员转移预案主动自行实施人员转移。

第十九条 紧急避险通告或者人员转移指令发布后，有关人员应当主动自行安全转移，并将转移去向及时告知所在村（居）民委员会、企事业单位或者相关联络人员。

第二十条 按照紧急避险通告或者人员转移指令自行转移有困难的，当地人民政府应当组织集中转移，告知被转移人员灾害的危害性及转移地点和转移方式。组织转移的人民政府应当组织必要的交通工具，并妥善安排被转移人员的基本生活。有条件的企事业单位应当为本单位职工的转移提供必要的交通工具。

被转移人员应当服从统一安排和管理，并自备必要的生活用品和食品。被转移地区的村（居）民委员会和有关企事业单位应当协助政府做好相关人员转移工作。

第二十一条 在可能发生直接危及人身安全的洪水、台风、风暴潮和山体崩塌、滑坡、泥石流等地质灾害或者人民政府依法决定采取分洪、泄洪措施等紧急情况时，组织转移的人民政府及其有关部门可以对经劝导仍拒绝转移的人员依法实施强制转移。

第二十二条 在紧急避险通告或者人员转移指令解除前，被转移人员不得擅自返回原处；组织转移的人民政府及其有关部门应当采取措施防止人员返回。

第二十三条 各级人民政府应当组织做好被转移人员的安置救助等工作，有关村（居）民委员会和企事业单位应当予以协助。

民政行政主管部门应当做好被转移人员的临时生活救助工作。

卫生行政主管部门应当做好被转移人员救护、避灾安置场所及灾区的疾病控制和卫生消毒工作。

公安机关应当加强人员转移中社会治安秩序的维护，依法保护已实施转移的乡镇（街道）、村、企事业单位以及避灾安置场所中人员和财产的安全，及时依法惩处违反治安管理的行为，维护社会稳定。

建设、交通、海洋与渔业、教育等有关行政主管部门应当按照各自职责做好相关的安置救助工作。

第二十四条　人员转移情况由乡（镇）人民政府、街道办事处逐级上报至省人民政府防汛抗旱指挥机构。

第四章　法律责任

第二十五条　违反本办法规定的行为，《浙江省防汛防台抗旱条例》等法律、法规已有法律责任规定的，从其规定。

第二十六条　各级人民政府和有关部门、单位，有下列行为之一的，对负有直接责任的主管人员和其他直接责任人员，由有权机关按照管理权限，给予行政或者纪律处分；构成犯罪的，依法追究刑事责任：

（一）不服从人员转移指令的；

（二）没有履行人员转移和安置职责或者延误人员转移时间，造成人员伤亡的；

（三）阻碍人员转移工作实施的；

（四）虚报、瞒报转移人数造成不良后果的；

（五）有其他玩忽职守、滥用职权行为的。

第二十七条　人员转移工作中，有关单位和个人不服从人民政府和有关部门发布的决定、命令（指令）和依法采取的措施，构成违反治安管理行为的，由公安机关按照治安管理处罚法的有关规定予以处罚；构成犯罪的，依法追究刑事责任。

第五章　附　则

第二十八条　因非洪涝台灾害原因导致水库、山塘以及地质灾害多发地区发生险情的，处在影响区内的人员转移，参照本办法执行。

第二十九条　本办法自公布之日起施行。

浙江省人民政府关于进一步加强防汛防台工作的若干意见

浙政发〔2020〕9号

各市、县（市、区）人民政府，省政府直属各单位：

为进一步健全完善防汛防台体制机制，不断提升台风洪涝灾害科学防控水平，从源头上防范化解重大安全风险，真正把问题解决在萌芽之时、成灾之前，全力保障人民群众生命财产安全，现提出如下意见。

一、总体要求

以习近平新时代中国特色社会主义思想为指导，深入学习贯彻习近平总书记关于应急管理和防灾减灾救灾重要论述精神，紧紧围绕“不死人、少伤人、少损失”总目标，始终坚持“四个宁可”“三个不怕”防汛防台理念，健全完善体制机制，强化灾害风险防控，配齐配强应急力量，构建识别一张图、研判一张单、管控一张表、指挥一平台、应急一指南、案例一个库“六个一”防汛防台工作体系，确保监测预警、风险管控、隐患治理、抢险救援、恢复重建精准有效，切实提升台风洪涝灾害科学防控能力。

二、主要任务

（一）完善防汛防台领导机制。

1. 严格落实主体责任。按照属地为主、分级负责的原则，严格落实防汛防台工作各级政府行政首长负责制、部门防汛岗位责任制；县级以下实行县领导包乡、乡领导包村、村干部包户到人责任制；原则上乡级防汛责任人由乡镇（街道）党政主要负责人担任，村级防汛责任人由村（社区）两委主要负责人担任。（责任单位：省应急管理厅，

各市、县〔市、区〕政府；列第一位的为牵头单位，下同。以下均需各市、县〔市、区〕政府落实，不再列出）

2. 完善防汛防台应急管理体制。按照党政同责、一岗双责的要求，健全完善各级防汛防台指挥机构（以下简称防指），制定防指工作规则和应急工作指南，统筹指挥台风洪涝灾害防御工作。各类功能区管理机构落实防汛防台工作职责。2020 年主汛期前，市县两级防指配齐配强防汛防台专业技术力量。（责任单位：省应急管理厅、省委编办）

3. 健全基层防汛防台组织。乡镇（街道）、村（社区）和企事业单位按照基层防汛防台体系建设要求，明确职责和人员，在县级防指和乡级党委、政府的领导下，做好本行政区域和本单位的防汛防台工作。全面落实乡镇（街道）防汛防台主体责任，按照乡镇（街道）“七个有”（有办事机构、有应急预案、有值班人员、有值班记录、有信息系统、有抢险队伍、有防汛物资）、村（社区）“八个一”（一张责任网格、一本预案、一套监测预警设备、一批避灾场所、一批防汛物资、一套警示牌、一套宣传资料、一次培训演练）要求，加强网格化管理，着力解决“最后一公里”问题。（责任单位：省应急管理厅、省委编办）

（二）完善“一个口子”统筹协调机制。

1. 规范预报预警和应急响应。建设自然灾害风险预报预警信息统一发布平台，规范省市县三级突发事件预警信息发布；各级防指统一发布启动（调整或结束）台风洪涝等自然灾害应急响应指令，有关成员单位分区分级发布专业预警信息。（责任单位：省应急管理厅、省自然资源厅、省建设厅、省水利厅、省气象局）

2. 规范信息报送和信息发布。各级防指负责归口报送防汛防台各类信息，统一发布灾情险情，实现较大以上灾害信息 30 分钟内口头报告、1 小时内书面报告省防指，重特大灾害 5 小时内发布权威信息、

24 小时内举行新闻发布会。（责任单位：省应急管理厅）

3. 规范救援力量和物资调度。完善抢险救援联动机制，省防指统筹协调抢险救援队伍和物资，组织专家支援地方防汛抢险。根据省防指要求，省军区、武警浙江省总队、省预备役师组织所属民兵、武警、预备役部队参与抢险救援。省防指统一指挥消防救援、专业救援、社会救援等力量参与抢险救援。各级防指指挥调度抢险救援力量情况，按有关规定及时报告省防指。健全应急物资装备联动保障机制，确保调得出、供得上、保障好。（责任单位：省应急管理厅、省公安厅、省粮食物资局）

（三）完善风险识别评估机制。

1. 强化风险识别排查。建立台风洪涝、风暴潮等自然灾害风险统一调查监测评估制度，开展多灾种和灾害链综合监测分析，加强汛前检查、汛中巡查、汛后复查，动态更新风险隐患清单，实行清单化管理。（责任单位：省应急管理厅、省自然资源厅、省建设厅、省水利厅、省气象局）

2. 加强重点领域风险调查。开展自然灾害风险调查和重点隐患排查，划定风险类型、风险等级和风险区域。研究制定地质灾害风险区判定标准，开展乡镇（街道）1∶2000 地质灾害风险调查评估。完善山洪灾害区域划定标准，开展山丘区山洪灾害调查评估，全面识别山洪灾害防御区域。修编城镇内涝防治技术规范，开展城市内涝风险点、地下空间等风险调查。继续开展渔港防台风等级评估工作。（责任单位：省应急管理厅、省自然资源厅、省建设厅、省水利厅、省农业农村厅、省气象局）

3. 加强风险综合评估。在风险排查和调查基础上，科学确定不同灾种的风险等级。2020 年主汛期前，形成覆盖重点领域、重点区域的灾害风险“识别一张图”。（责任单位：省应急管理厅、省自然资源

厅、省建设厅、省水利厅、省气象局、省大数据局）

（四）完善风险会商研判机制。

1. 开展灾害形势分析。定期组织开展自然灾害风险分析和趋势预测，共享监测预警信息，研判本地区、本系统灾害风险形势，形成灾害形势分析报告。（责任单位：省应急管理厅、省自然资源厅、省建设厅、省水利厅、省农业农村厅、省气象局）

2. 加强专业会商研判。开展气象、洪涝、地质、海洋等灾害形成机理研究，分析灾害阈值，推动多方参与基于多源监测预警信息的会商研判，形成专业会商意见。（责任单位：省应急管理厅、省自然资源厅、省建设厅、省水利厅、省农业农村厅、省气象局）

3. 强化综合会商研判。构建涉灾部门、专家团队、地方政府等参与的综合会商平台，密切关注重特大自然灾害发生发展全过程，组织研判灾害风险，制定"研判一张单"。（责任单位：省应急管理厅、省自然资源厅、省建设厅、省水利厅、省农业农村厅、省气象局）

（五）完善综合监测预报预警机制。

1. 提高综合监测精密度。在气象灾害、流域洪水、山洪、地质灾害、海洋灾害、城市内涝等灾害高发易发区域和重点渔港增设监测设施或站点，提高监测精密度。2022年底前，地面自动气象站点加密至5公里网格，实现灾害高发易发区行政村全覆盖。（责任单位：省气象局、省应急管理厅、省自然资源厅、省建设厅、省水利厅、省农业农村厅）

2. 细化预测预报颗粒度。加快推进突发强对流天气监测预警工程建设，加大台风、暴雨、洪水、地质灾害等要素预报的提前量，提高网格降水预报产品的时空分辨率和准确率，提前1—3天发布台风警报，提前24小时发布降雨预报，提前1—3小时发布短临预报；省级预报细化到县，市级预报细化到乡镇（街道），县级短临预报细化到村

（社区）。（责任单位：省气象局、省应急管理厅、省自然资源厅、省建设厅、省水利厅）

3. 提升风险预警精准度。建立自然灾害风险预报预警信息统一发布平台，加强对易造成人员伤亡的小流域山洪、地质灾害风险区的定点定向预警，快速预警到户到人。（责任单位：省应急管理厅、省自然资源厅、省建设厅、省水利厅、省广电局、省气象局、省通信管理局）

（六）完善风险隐患闭环管控机制。

1. 实行隐患动态销号。全面实行各类灾害风险隐患清单化管理，明确责任单位、整改措施、整改时间，落实动态销号。（责任单位：省应急管理厅、省自然资源厅、省建设厅、省水利厅、省农业农村厅）

2. 建立风险“管控一张表”。量化细化管控举措，以工作告知函、风险提示单、整改督办单等形式，督导落实风险管控，对重大风险隐患挂牌督办，形成风险隐患闭环管控。（责任单位：省应急管理厅、省自然资源厅、省建设厅、省水利厅、省农业农村厅）

3. 推进自然灾害风险防控和应急救援平台建设。加快集成涉灾部门数据资源，实现数据共享和业务协同。2020 年 9 月底前，构建精准高效智能的风险防控信息化平台。（责任单位：省应急管理厅、省公安厅、省自然资源厅、省建设厅、省交通运输厅、省水利厅、省农业农村厅、省文化和旅游厅、省粮食物资局、省大数据局、浙江海事局、省地震局、省气象局）

（七）完善抢险救援机制。

1. 加强应急救援队伍建设。加快建设一批洪涝台应急抢险救援专业队伍，力争在 2020 年主汛期前，培育 150 支社会救援队伍。加快推进应急救援航空体系建设，力争实现全省区域范围内 45 分钟响应、覆盖半径 100 公里。（责任单位：省应急管理厅、省公安厅、省交通运输厅、省水利厅、省消防救援总队、民航浙江安全监管局）

2. 强化应急救援指挥协同。强化各类救援力量联动。建立应急抢险救援车辆优先通行保障机制。强化海上（水面）救助打捞能力建设和装备配置，建立海事、海警、渔业等搜救、执法船艇联合救助体系。（责任单位：省应急管理厅、省公安厅、省民政厅、省交通运输厅、省农业农村厅、省消防救援总队、浙江海警局、浙江海事局）

3. 健全防汛防台预案体系。规范应急响应程序，做好上级预案与下级预案、总体预案与专项预案之间的衔接。2020年主汛期前，完成省市县乡四级应急预案修订，县级以上防指和乡镇（街道）每年至少组织一次应急演练。（责任单位：省应急管理厅）

（八）完善人员安全转移机制。

1. 优化人员转移标准。根据灾害风险转移标准和监测预报成果，分类分级精准锁定转移区域和人员。2020年主汛期前，制定与地质灾害、山洪灾害、城市内涝等风险等级相对应的人员转移标准。（责任单位：省应急管理厅、省自然资源厅、省建设厅、省水利厅、省农业农村厅、省文化和旅游厅）

2. 落实人员转移方案。明确风险隐患类别、转移路线、避灾安置点、转移责任人等要素，做到转移有标准、制度可执行、群众能配合、安置有保障。（责任单位：省应急管理厅、省自然资源厅、省建设厅、省水利厅、省农业农村厅、省文化和旅游厅）

3. 强化安全转移措施。严格落实防汛责任人100%到岗履职、渔船100%回港、回港船只100%落实防范措施、渔排养殖人员100%上岸、陆上危险区域人员100%撤离、危旧房屋和户外施工人员100%转移"六个100%"要求，实行地毯式、网格化24小时不间断排查，并实行人员转移零报告制度，切实做到应转尽转、应转早转。（责任单位：省应急管理厅、省自然资源厅、省建设厅、省水利厅、省农业农村厅、省文化和旅游厅）

（九）完善防汛防台综合保障机制。

1. 统筹推进重点领域灾害防治工程建设。加快推进地质灾害隐患点综合治理，加大地质灾害风险区识别排查和动态管控，划定高风险区。加强小流域山洪灾害防治，实施防汛抗旱水利提升工程。落实城市防水排涝专项规划，2022 年主汛期前，基本消除现存易淹易涝点，完善防涝设施设备配备标准并落实到位。全面落实港长制，持续推进标准渔港和避风锚地建设。（责任单位：省应急管理厅、省自然资源厅、省建设厅、省交通运输厅、省水利厅、省农业农村厅）

2. 推进应急指挥中心建设。融合各专业部门数据资源，构建应急"指挥一平台"，2020 年主汛期前，完成省市两级指挥平台建设，实现视频会商系统省市县乡全贯通、基层应急管理移动式指挥平台延伸至村（社区）。（责任单位：省应急管理厅、省大数据局）

3. 健全应急物资保障体系。加强应急物资装备储备统一规划，强化装备技术支撑。加快推进省市县储备库建设，分行业、分区域落实应急物资储备，优化物资品种和储备布局。2020 年主汛期前，实现多灾易灾乡村卫星电话、应急发电机、排水泵等物资配备全覆盖。（责任单位：省应急管理厅、省发展改革委、省自然资源厅、省建设厅、省交通运输厅、省水利厅、省农业农村厅、省粮食物资局）

4. 加强防汛防台培训和宣传。健全党政领导干部培训机制，编好用好"应急一指南"，加大基层责任人培训力度，每年汛期前至少组织一轮培训。推动防灾减灾宣传进企业、进农村、进社区、进学校、进家庭，提升全民防灾避灾意识和能力。建立防汛防台"案例一个库"，发挥案例警示教育作用。（责任单位：省应急管理厅）

5. 提高基层防灾减灾救灾能力。推进全省农村应急广播体系建设，2020年主汛期前实现全覆盖。修订避灾安置场所建设与管理规范标准，优化县乡村三级避灾安置场所布点，2022 年村级避灾安置场所规范化建设达到 60%以上。加强基层气象防灾减灾救灾标准化建设，2022 年基本建成气象防灾减灾救灾“第一道防线”示范省。做好灾后恢复重建，力争灾害发生后 1—2 天内完成环境清理恢复，3 天内全面恢复供电、供水和通信，5 天内主要道路全面恢复通车。（责任单位：省应急管理厅、省建设厅、省水利厅、省交通运输厅、省广电局、省气象局、省电力公司、省通信管理局）

三、加强组织领导

（一）强化规划引领。各地要切实担负起促一方发展、保一方平安的政治责任，将应急管理事业改革发展纳入国民经济和社会发展总体规划，做好与国土空间规划等的衔接。加强国土空间用途管制，结合村镇集聚发展要求，科学布局农村基础设施。

（二）加大投入保障。省财政按照省级自然灾害救助资金应急机制，筹措安排省级自然灾害救灾资金，强化资金保障。各级财政要安排专项资金保障防汛防台工作。加大省市财政转移支付统筹力度，研究制定避灾转移安置、灾后重建扶助政策。发挥政府和市场合力，加快研究制定巨灾保险制度，建立健全多方风险共担机制。

（三）优化考核评价。各地要将防汛防台工作纳入政府班子成员职责清单；加强重大自然灾害复盘评估，全面落实追责问责机制，对玩忽职守造成损失或重大社会影响的，依规依纪依法追究责任；将推进台风洪涝灾害科学防控能力提升作为干部政绩考核的内容。

浙江省人民政府

2020 年 4 月 29 日